创业意识与创业技巧
（第二版）

CHUANGYE YISHI YU CHUANGYE JIQIAO

主　编　冯江华　陈蓓蕾
副主编　朱寒冰

中国教育出版传媒集团
高等教育出版社·北京

内容提要

本书按照项目任务组织编写,全书共四个部分:听潮——创业意识培养和创业能力认识、观海——创业环境认知与项目选择、试水——模拟创业、搏浪——创业项目运营,内容涵盖了创业意识培养、找准创业项目、建立创业团队等十五个项目。本书采用案例驱动的教学理念,通过案例分析和课堂活动,引导学生通过体验性学习,培养创业意识,掌握创业技巧。为了利教便学,本书另配有教学课件等教学资源,部分资源以二维码形式提供在相关内容旁,可扫描获取。

本书既可作为高等职业院校公共基础课教材,也可作为有关人士了解相关知识的读物。

图书在版编目(CIP)数据

创业意识与创业技巧/冯江华,陈蓓蕾主编. —2
版. —北京:高等教育出版社,2022.8(2024.8重印)
ISBN 978 - 7 - 04 - 058986 - 3

Ⅰ.①创… Ⅱ.①冯… ②陈… Ⅲ.①创业-高等职
业教育-教材 Ⅳ.①F241.4

中国版本图书馆 CIP 数据核字(2022)第 122553 号

策划编辑	雷 芳	**责任编辑**	范冰玥 雷 芳	**封面设计**	张文豪 **责任印制** 高忠富

出版发行	高等教育出版社	网 址	http://www.hep.edu.cn	
社 址	北京市西城区德外大街 4 号		http://www.hep.com.cn	
邮政编码	100120	网上订购	http://www.hepmall.com.cn	
印 刷	上海华教印务有限公司		http://www.hepmall.com	
开 本	787 mm×1092 mm 1/16		http://www.hepmall.cn	
印 张	14.5	版 次	2022 年 8 月第 2 版	
字 数	259 千字		2017 年 1 月第 1 版	
购书热线	010 - 58581118	印 次	2024 年 8 月第 3 次印刷	
咨询电话	400 - 810 - 0598	定 价	29.00 元	

第二版前言

创新是发展的必然要求。目前，我国经济总量已经稳居世界第二，但要继续保持高质量发展，仍然需要在创新能力、科技发展水平等方面加大投入力度，提高认识水平。深化教学改革，提高教学质量，培养社会迫切需要的发展型、复合型和创新型技术技能人才，是广大教育工作者的历史使命。本书第一版自2017年出版以来，因"听潮""观海""试水""博浪"为主轴的双创教育理念、实用的内容及新颖的案例，深受专家和读者的好评，也得到了众多人士的指导和帮助。此次修订再版，我们立足于近几年来社会经济的发展、创新创业教育与实践的持续探索、国家对职业教育发展的新要求，以及新技术、新产业、新岗位、新经济模式的持续涌现，双创类型和双创模式的不断迭代等新形势，结合高职学生在创新创业过程中出现的新特征，对教材做了相应修改，使之更符合立德树人的根本要求和新时代大学生创新创业的实际需求。修订的主要工作如下：

1. 更新高校学生创业案例，让创新创业变成身边事

创新创业教育对刚进入高校的大学生而言是陌生的，此次修订更新的高校学生创业案例，不仅可让大学生明白创新创业是身边事，不是遥不可及的事；还旨在通过这样的方式激励学生敢于创新创业，最终实现激发学生创新热情、培养学生创新创业意识和能力的目标。

2. 加强理论与技巧指导，激发学生创新创业的兴趣

本次修订更加强调创新创业基础理论和技巧的指导，不仅注重创新精神、创业意识和创业基础知识的教育，而且注重创业方法和技巧的教育。更加注重活动内容的简单易行，创新创业对学生而言是有难度的，只有简单易行才能破除学生畏难的心理，使学生愿意学习，产生兴趣，从而让创新创业意识根植到每个学生心中。

3. 规范格式内容，增加严谨性

修订后，本书各章节衔接更紧密，条例更清晰，知识、表述、体例、格式等更规范、更严谨。

4. 丰富视频教学资源，实现资源共享

本书配套的在线开放课程已经入选上海市在线开放精品课程培育课程。本次

修订完善了包括微课、案例视频、教学课件、教学测试等教学资源，形成了特征鲜明的立体化教学资源，可有效提高教学效果。

本书修订工作由冯江华、陈蓓蕾带领团队完成。本书共有四个部分，第一部分由冯江华、陈蓓蕾修订；第二部分项目3、项目4由冯江华修订，项目5由陈蓓蕾修订，项目6由冯江华、丁红艳修订；第三部分项目7由陈蓓蕾修订，项目8由冯江华、朱寒冰修订；第四部分项目9由冯江华、陈蓓蕾修订，项目10由陈蓓蕾、燕峰修订，项目11、项目13由冯江华、朱寒冰修订，项目12、项目14由陈蓓蕾修订，项目15由朱寒冰、李诚修订。在本书修订过程中，张学坚、蒋公宝、沈阳、楚万文等来自企业一线的专家给我们提供了很多宝贵的案例和建议，我们表示衷心的感谢！

限于学识和能力，书中不足之处在所难免，祈请读者和同行专家批评指正。

编　者

2022 年 8 月

第一版前言

近几年，国家、地方都出台了不少扶持大学生创业的政策，社会上的创业氛围日渐浓厚。可以说，我们生在一个前所未有的创业大时代。对青年学生来说，创业既是通往人生梦想的途径，也是一种人生历练。"大众创业，万众创新"对于很多人而言已经不再是一句口号，而是实实在在的行动。他们在创业的道路上不畏艰险，砥砺向前，向我们展示了新一代学子敢为、敢当的精神风貌。无论成败，创业的经历都将成为人生最宝贵的财富之一，它将会提升我们的人生境界与格局，并引导我们走向真正的成功。

如果我们想要创业成功，除了要有屹立不摇的信念、不屈不挠的精神，还需要认真学习相关的创业技巧并付诸实践。只有这样，理想的火炬才更有可能经得起风吹雨打的考验，照亮我们不懈追索与前行的道路。为此我们特地编写了本书。全书以创业实践为导引，以创业精神与创业技巧为主线，让同学们通过学习切实掌握创业的本领，领悟创业的真谛。

我们在汲取国内优秀创业教材优点的同时，也积极进行了创新，加强了对实际技能的讲解，以项目形式进行编写，引导学生积极开展创业实践活动，使教材更加符合高等职业院校学生的特点与需求。

本书由冯江华、陈蓓蕾确定提纲及编写体例并统稿。本书编者均为上海市电子信息职业技术学院从事创业教学或在企业、社团及各大创业机构担任多年创业教学等工作的中青年教师，部分编者为国家高级创业咨询师、创业项目指导和评审专家，有较强的理论功底和娴熟的实务能力。本书共四个部分，第一部分由冯江华、陈蓓蕾编写；第二部分项目3、项目4由冯江华编写，项目5由陈蓓蕾编写，项目6由冯江华、丁红艳编写；第三部分项目7由陈蓓蕾编写，项目8由冯江华、卢真杰编写；第四部分项目9由冯江华、陈蓓蕾编写，项目10由陈蓓蕾、燕峰编写，项目11、项目13由冯江华编写，项目12、项目14由陈蓓蕾编写，项目15由樊培著、李诚编写。在本书编写过程中，张学坚、沈阳、苏珏和楚万文等来自企业一线的专家给我们提供了许多宝贵的案例与建议，我们表示衷心的感谢!

在编写过程中，难免会有疏漏与不足，恳请大家多多指正，以便使我们的教材不断得到完善。

编　者

2017 年 1 月

目 录

第三部分　试水——模拟创业

第四部分　搏浪——创业项目运营

资源导航

绪　言

鼓励创新创业已经成为当前众多国家的战略。当今全球分享经济快速发展，基于互联网等方式的创新创业蓬勃兴起，众创、众包、众扶、众筹等大众创业、万众创新支撑平台快速发展，新模式、新业态不断涌现。联合国教科文组织在《学会生存》的报告中，也提出创业素质应成为公民的基本素质。

不少国家开设创业课程的历史比较悠久，并形成了系统的创业教育计划；有的国家要求中学就开设创业课程，成立创业计划培训中心，积极开展创业教育并开办创业大赛，创新创业教育备受关注，呈现强有力的发展趋势。

为加快实施创新驱动发展战略，适应和引领经济发展新常态，我国相继出台了一系列相关政策，如《国务院办公厅关于发展众创空间推进大众创新创业的指导意见》《国务院关于印发统筹推进世界一流大学和一流学科建设总体方案的通知》《国务院办公厅关于深化高等学校创新创业教育改革的实施意见》等。此外还修订了《普通高等学校学生管理规定》，深入推进高校创新创业教育改革，鼓励大学生创业，推进实施大学生创业引领计划，鼓励高校开发、开设创新创业教育课程，建立健全大学生创业指导服务专门机构，加强大学生创业培训力度，建设世界一流大学和一流学科，培养拔尖创新人才。国家坚持立德树人，突出人才培养的核心地位，着力培养具有历史使命感和社会责任心、富有创新精神和实践能力的各类创新型、应用型、复合型优秀人才。

国家"十四五"规划纲要提出要推进创新创业创造向纵深发展。因此，国家要通过创业教育不断增强学生的创新意识，提高学生的创业能力，培养学生的创业人格。

作为大学生素质教育的重要组成部分和一种新的教育理念，创业教育并不是教育我们每位大学生都去创办企业，而是要培养大学生的创业意识和创业思维，使大学生掌握创业技能，提高综合素质。此外，创业教育还有助于大学生在创业、就业的道路上充分发挥主人翁作用。

学校教育的目标是使学生做到理论与实际相结合，创业教育是大学专业知识教育的延伸。创业教育不仅能发掘大学生的创造性、独立性和主动性，还能让大学生学习到金融、商贸、营销、管理等方面的知识。此外，有意识地对大学生进行创业方面的训练能够增强大学生对知识的渴求及学习主动性。

开展创新创业教育的目的主要有下列几点：培育大学生的企业家精神和领导力；培养具有自立、创新、甘冒风险、果断把握机会、创造性思维等创业特性的个体；激发大学生的创新精神，提升大学生的综合能力；推进大学生创业引领计划的实施；开发开设创新创业教育课程，培养大学生的创业意识，鼓励大学生创业。

我们要非常重视培养学生的创新意识，通过创新性课程教学、产学研一体化的外延拓展支撑，倡导创新创业精神。我们要重视实践应用与基础科研之间的相互转换，将创业过程中必需的创业意识、创新个性品质、创业专业能力等理念整合到创业的社会知识中，并有机结合个人能力、专业特长以及所处的社会环境，从创业者的角度来规划整个创业系统的流程。

在对大学生创新创业能力培养的全程进行广泛调研和仔细审视的基础上，结合以往开展相关教学活动的经验，我们认为，从学生的创业意识培养到创业项目孵化，可以将创新创业教育分为四个阶段（又可称为"创业教育四部曲"），即听潮、观海、试水和搏浪。

本书便以此逻辑进行总体设计，具体如下：

（1）听潮。该阶段主要是培养大学生的创业素质、职业素养、员工意识和创业意识。

（2）观海。该阶段主要是以案例教育的方式，让大学生认识企业，了解市场特征，从而发现创业机会，识别项目风险，从旁观者角度感知市场。

（3）试水。该阶段主要是让大学生在具有创业意识的前提下，借助现代信息技术及信息化教学平台，运用所学专业知识进行虚拟仿真演练，让不同专业的大学生相互交流，进行思想碰撞，从横向和纵向两个层面发展大学生的创新创造能力，最大限度规避风险，帮助大学生少走弯路。

（4）搏浪。该阶段主要是针对创新创业教育实施的内容进行升华，让部分顺利走出试水阶段的大学生，选择成长性较好、便于进行风险管控的项目，开展真实的创业活动，在"孵化园"开展创业实践。

事实上，每一阶段涉及的知识和内容都比较庞杂，在一本教材里想要全部呈现是不可能的，因此，我们只能点到为止，让有需要的同学结合实际去寻找自己必须掌握的知识。

一、总体建设构架

本书的总体建设构架如图 0-1 所示。

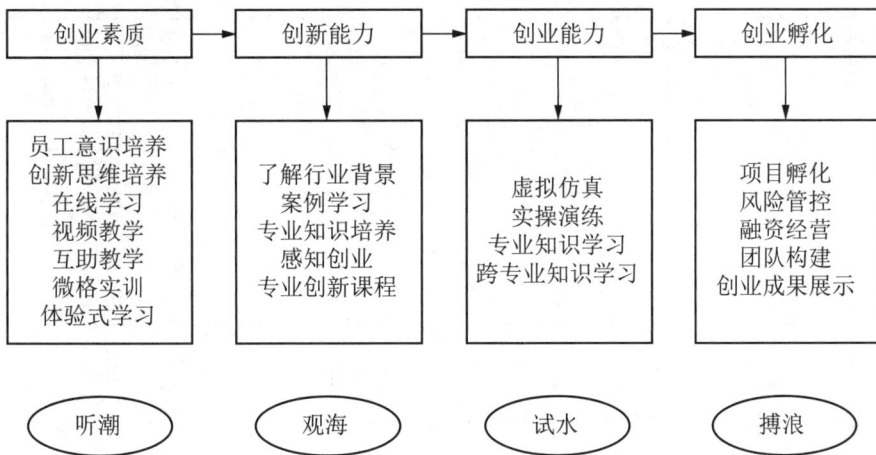

图 0-1　创业教育四部曲

具体创业方案如图 0-2 所示。

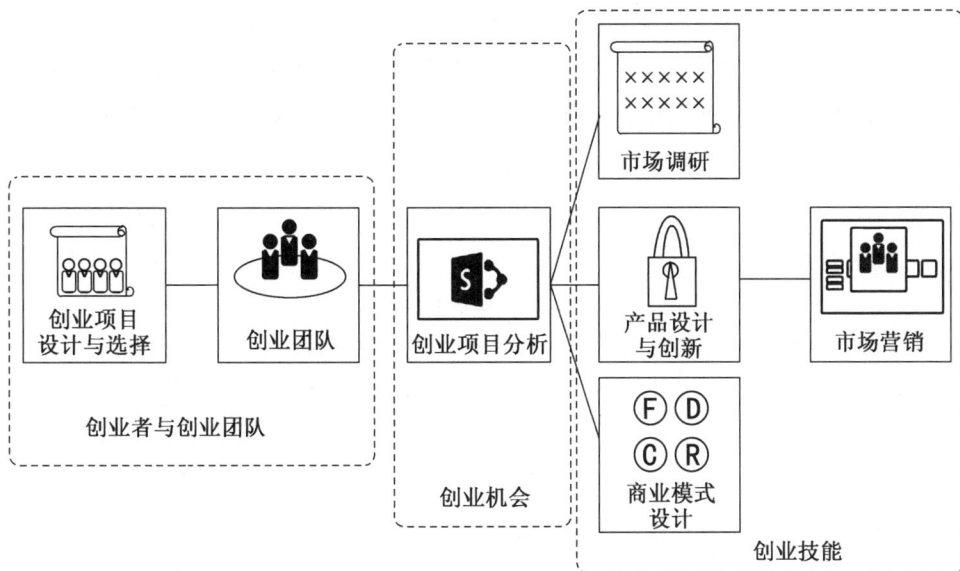

图 0-2　具体创业方案

二、各部分建设构架

（一）听潮

表 0-1　听潮阶段

阶　　段	教学任务	教学内容
创业素质	职业测评	性格测试
		先天特质
		人才测评
	创业素养培养	创新思维培养
		创业能力培养
		职业素质培养

培养创业素质可以使大学生具备一个现代职业人的基本素质，同时，也可培养大学生的创新意识。培养大学生养成良好的职业素质是提高大学生就业竞争力的关键，应从科学创新能力、爱岗敬业精神、团队合作意识、奉献服从意识和职业技能素质等几个方面，对大学生进行职业素养培养，帮助学生树立正确的择业观和创业理念。让大学生通过认知自我、规划职业生涯以及沟通艺术等内容的学习，提高各项创业就业素质，更全面地了解自己的个性。每个人都会沿着自己所属的性格类型发展出个人行为、技巧和态度，而每个人也都存在着自己的潜能和潜在的盲点，这会对人们将来的职业方向选择产生很大的影响。此外，应通过对大学生进行创新思维的培养，以创意开发为目标，扩展思维视角，克服思维障碍，打开创意思维，分析思维误区，发掘大学生的潜在能力，培养具有创造性思维的大学生。

（二）观海

表 0-2　观海阶段

阶　　段	教学任务	教学内容
创新能力	案例库学习	MBA 创业故事会
		教师案例库
		校友论坛
	企业走进校园	企业名师讲堂
	走进企业	企业参观
		企业见习
		企业实习

　　观海阶段又称创新能力培养阶段，主要是让大学生在具备一定通用能力和创新思维的条件下，感知创业过程。大学生在学习创新创业理论知识、储备一定理论基础的同时，通过案例了解并学习创新创业的全过程，让大学生完整感受从创意萌发到创业成功的各个环节，并对其进行了解、认知和学习。邀请企业人员参加分享会，走进企业，让大学生随时感受企业的最新动态，从听觉、触觉等多方面真实了解企业情况、体验企业文化。学习企业知识，让教学与企业相融合，了解企业需求，激发创新思维。

　　（三）试水

表 0-3　试水阶段

阶　　段	教学任务	教学内容
创业能力	企业认知	企业认知模拟演练
	专业课程模拟实训	会计专业知识
		市场营销知识
		电子商务知识
		物流管理专业知识
		金融知识
		国际贸易知识
		人力资源管理
		决策模拟
	跨专业模拟综合实训	跨界实训
		跨专业实训

　　在完成通用能力、创新能力培养之后，大学生需要对企业有良好认知，需要对专业知识进行模拟学习，将现实商业社会的一些经营理念和逻辑思维，浓缩到与之对应的专业课程中。首先，让学生感知企业运作的基本规律，了解企业的组织设置、管理体系和业务流程；让大学生在企业的经营活动中，感知如何卓有成效地工作，获得工作经验；让大学生体验企业经营团队成员之间的技能互补、分工协作与有效沟通；让大学生了解企业信息化的必要性和迫切性，了解企业信息化的基本需求。其次，针对各个专业的内容进行深入学习。最后，在创新创业的培养过程中，既要把每个学科做好，又要进行跨学科交流，运用各自所长启发团队成员，以合作精神催化出具有爆发性的创新能力，培养多方位全能型人才。

（四）搏浪

表 0-4　搏浪阶段

阶 段	教学方向	教学内容
创业"结果"	创业项目孵化	管理与控制
		创业计划书编写
		创意工作坊
	创业成果展示	展示成果

经过前三个阶段的培养，我们已经具备创业的基本前提，即在虚拟环境中感受过创新创业，最后的一个阶段就是让大学生真正走上职场。通过第四阶段的学习，掌握风险管控知识，了解企业运营中存在的各种风险，学会降低风险、规避风险；通过通用能力培养中的性格测试，学习组建团队，搭配伙伴；然后学习如何写好一份商业计划书，评选出好的商业计划书，再放到创业孵化中心进行项目孵化。创新创业工作坊是大学生创办企业之后所经营的场地，也是其业务开展与获得融资的场地。最后将固化的成果展示出来，建设一个创新创业成果展示中心。创新创业成果展示中心是一个产品交流中心，是学生与学生、学生与学校、学生与社会、学校与社会的产品交流中心。搭建学生与学校合作、学生与社会合作、学校与社会合作的综合性平台，同时也成为学生间互相交流、互动与沟通的平台。

三、具体建设方案

创新创业教育实验实训课程体系，围绕创业素质、创新能力、创业能力的培养，以及创业成果展示四个目标，部署了"职业测评""创业素养培养""案例库学习""企业名师讲堂""走进企业""企业认知模拟""专业课程模拟实训""跨专业综合实训模拟""创业项目孵化"和"创业成果展示"等实践课程，如图 0-3 所示。

课程设置的目的是建设以知识为基础、能力为导向、素质为核心的系列课程，让学生掌握创业知识，激发学生的创业激情，培养学生的创新创业精神，掌握创业的基础知识和理论，了解创业的基本流程和方法，提高创业能力和素质，使学生不仅能在未来岗位上创立事业、开拓事业，更能创办新企业，未来成为成功的企业家。创新创业教学课程体系从创新创业意识、创意思维拓展、创业素质培养到创业专业知识学习、创业能力训练、创业项目孵化和创业成果展示，全方

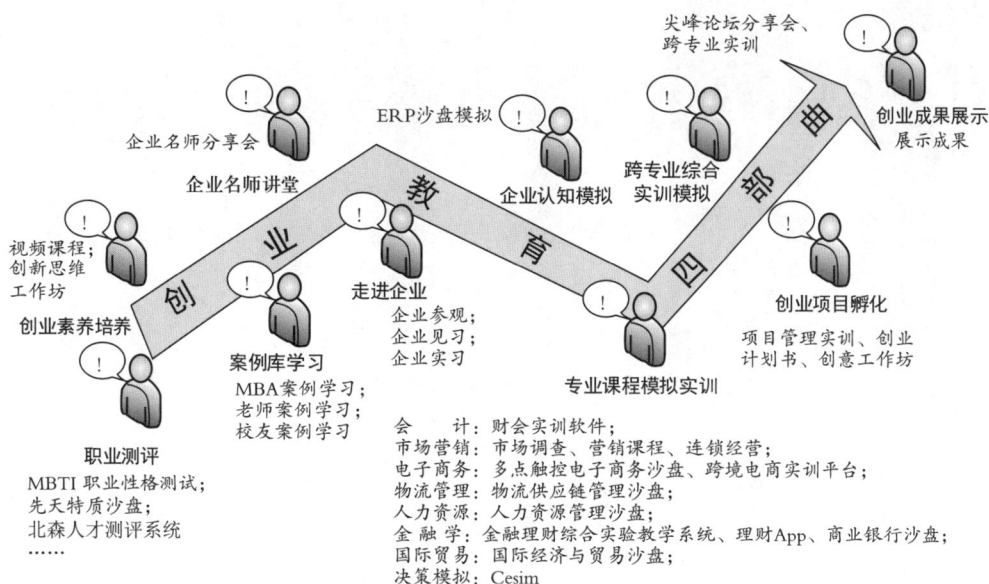

图 0-3 课程设置思路

位教学模拟、全过程仿真创业过程，真正实现把"实践教学软件工厂"搬进课堂，让企业走进校园，让大学生走进企业。

第一部分

听潮
——创业意识培养和创业能力认识

项目 1 创业意识培养
项目 2 创业能力认识

我们身处一个创业的大时代，无论身在何方，都能听到远处如隐雷般的创业大潮。而每当你看到身边年轻的创业者们意气风发、新兴企业如雨后春笋般涌现的时候，这些奔涌的潮声是否也让你心潮澎湃？

第一部分"听潮"正是我们的创业启蒙。在这一部分中，我们将要学习如何提升我们的个人素质与能力，以便更好地创业。我们知道，创业者的个人素质是创业成功的保障之一。如果没有良好的、过硬的创业素质，在创业过程中很可能会在困难和挫折面前退却。"磨刀不误砍柴工"，在创业之前，我们需要了解创业及其对创业者的素质要求，深入理解创业精神，从而找到自身的不足，为更好地提升自我素质和成功创业奠定基础。

本部分课程内容适合首次创业的同学。通过学习，同学们将会对创业、创业精神、风险意识、利润和成本意识等有一个概貌性的了解，对自身的创业素质有一个较清晰的认知，并通过一系列的能力课程提升自己的战略决策能力、经营管理能力、资源整合能力和创新能力。

项目 1　创业意识培养

学习目标

1. 认识创业和创业精神。
2. 了解创业与职业生涯发展的关系。
3. 了解创业者的素质要求及其重要性。
4. 了解利润和成本意识对创业的重要性。

导入案例

Meet Coffee，遇见对的人

"在这里遇到一杯好的咖啡，遇到一个对的人"，新学期伊始，高举文艺旗号的"Meet Coffee"便在五邑大学蹿红。

Meet Coffee 的经营者是五邑大学经济管理学院大三的学生廉明、陶宛军和信息学院大二的学生冯杰文。此前他们都通过兼职赚了一些钱，便萌生了共同创业的念头。为此三人还特意去广州大学城考察了市场，综合考虑了人流量和客户需求，最终三人决定在西南校区宿舍楼下开一间以"舒适"为主题的咖啡店。

开业后，三人进行了明确分工：廉明比较理性，负责财务、原材料购进等；陶宛军执行力强，负责店面卫生、微博营销等；冯杰文考虑问题较全面，负责出纳和店面装饰等。咖啡店开始正式营业后，聘请了一位专业的师傅来调制饮品，现在咖啡店已步入正轨，每月购进原材料花费 1 万元左右；每月支出水电费 1 000 元左右；招收兼职人员，每人工资为每小时 8 元。咖啡店收入是每天 1 000 元左右，每月纯利润逾万。

　　坚持良好的经营手段和以食品质量为核心的经营理念是他们成功的关键。他们保证向同学们出售的是健康的饮品和食物，店里的奶茶原料选用的是全脂牛奶、糖和现泡茶叶，不仅风味正宗，还很健康。另外，他们通过转发抽奖和赠饮等方式提高了知名度，还通过高质量的产品留住了很多顾客。

　　三人合伙工作，意见不合是常有的事，所以廉明主张把工作和情感分开。陶宛军也提到："与他们合作开这家咖啡店使我认识到，合作很重要，要学会关心他人的想法。"

分析问题：

1. 你觉得三位同学的创业选择有哪些可取之处？
2. 你的学校是否也适合开一个类似的项目，为什么？

　　在"大众创新、万众创业"的时代背景下，大学生创业已经蔚然成风。但在很多时候，大学生对创业和创业精神认识较浅，也缺乏必要的商业头脑和企业经营意识，这就导致大学生在未来的创业过程中会遇到很多原本可以避免的困难和挫折。本项目从创业和创业精神入手，帮助大家认识创业，认识自我，并形成一定的风险意识以及利润成本意识，从而为未来的创业活动打下良好的基础。

任务1　认识创业与创业精神

一、对创业的认知

（一）什么是创业

　　很多人把"创业"直接理解为"创办企业"，这样理解有一定道理，但不够全面。那么，"创业"到底是什么呢？这个问题可以说是"仁者见仁，智者见智"。下面列举了几个重要的定义：

　　定义1：创业是一种思考、推理结合运气的行为方式，它为运气带来的机会所驱动，需要在方法上全盘考虑并拥有和谐的领导能力。

　　定义2：创业是一个人——不管是独立的还是在一个组织内部——追踪和捕获机会的过程，这一过程与其当时控制的资源无关。

　　定义3：依靠个人、团队或一个现有企业来建立一个新企业的过程，如自我创业、一个新业务组织的成立或一个现有企业的扩张。

如何看
中国青年创业
发展指数

定义4：所谓创业，就是不拘泥于当前的资源约束、寻找机会、进行价值创造的行为过程。

可以看出，专家们对创业有着各自不同的看法。但事实上，这些观点其实有异曲同工之处，从中可以找到很多共同的关键词，比如资源、机会、团队等。那么是否可以从这几个关键词来理解创业呢？下面来看一个小故事。

小丁在邻省的省城上学，他发现在网络上蜂蜜卖得特别火，而他的家乡刚好产远近闻名的优质蜂蜜。就这样，他发现了创业的商机，也就是我们通常说的创业机会。

小丁想要创业，还面临着很多问题。比如，他没有货源，也没有资金。于是小丁说服了养蜂的叔叔为他提供蜂蜜，又说服父亲为他投资10万元组建公司。货源和资金来源都属于资源的一部分，就这样，小丁成功整合了创业的资源。注册公司之后，小丁找到了志同道合的几位同学，组建了创业团队。没过多久，他的公司便正式成立了。

创业的过程和概念在这个故事里体现得很清楚。首先，小丁发现了在网上销售蜂蜜的创业机会；后来，他手中的某些资源不够，于是说服了自己的叔叔，解决了货源问题，这就是资源的整合；最后，他组建了团队，成立了公司。小丁就这样开始创业了。

但是，想要成功创业，仅仅成立公司是不够的。让我们继续关注小丁后来的故事。

小丁的网店的口碑越来越好，小丁的叔叔家的蜂蜜也随之供不应求，于是他出钱收购了全乡的蜂蜜。随着规模的扩大，光靠小丁的团队的几个人已经不够了，他们就招募了一些员工，并签订了劳动合同。后来，为了提高本网店所卖的蜂蜜与其他渠道所卖的蜂蜜的产品区分度，小丁注册了"恬蜜"商标，品牌管理就产生了，之后小丁和他的团队便用心经营品牌，以保持良好的品牌形象。

大家的创业之路必然会经历这样的过程。所以，我们需要练就一双能及时发现创业机会的火眼金睛，继而整合我们所能掌握的资源（人际关系、技术等），才能成功创业。

（二）创业的关键要素

在创业活动中，有几个我们需要注意的关键要素。

1. 机会

对于创业来说，机会非常重要，机会有时候甚至能决定创业的成败。机会总是留给有准备的人，所以我们需要在平时的学习和生活中留心观察，认真思考，并且不断积累知识、磨炼能力。只有这样，才能在机会来临时及时抓住它并成功创业。

2. 资源

创业就像是打扑克牌，有的人有一手好牌却不会利用，有的人手中的牌并不好却能成为最后的赢家。因此，事情的关键不是手中的牌好不好，而是在于能否善于利用自己手中的牌。资源就像是手中的牌，只有善于整合，充分发挥出每张牌的作用，才可以度过创业初期的艰难时刻，让企业驶上成长的"高速公路"。

3. 团队

无论一个创业者的能力有多么强、多么全面，他都需要团队的协助。无论是多么杰出的创业家，他的背后也一定有一个强大的团队。人们往往只看到杰出的创业家的个人表现，却忽视了其背后的团队的巨大作用。有了一个好的团队，就好比一个元帅有了能打硬仗的精兵强将，只有这样，创业才能攻坚克难，不断前进。没有这些精兵强将，元帅也将成为"光杆司令"。

4. 商业模式

在竞争异常激烈的商业社会中，想要成功，不仅要有一颗渴望成功的雄心，更要有敏锐的商业嗅觉和独特的商业视角。为自己的企业量身定制一套最适合它的商业模式，会为企业在未来的发展中减少很多不必要的阻力和麻烦，让企业发展驶上快车道。

创业学是一门新兴的学科，其中涉及的内容非常多，除了以上四点，还有很多内容需要我们了解。从本质上说，创业学是管理学的一个分支，所包含的内容以企业管理知识为主，但创业要求人们不仅要成为优秀的管理者，还要成为具有勇气、智慧和成熟的行为模式的创业者，所以人们需要更多地培养自身的素质，才能面对未来的种种挑战。

二、对创业精神的认知

台上一分钟，台下十年功。屠呦呦荣登科学界最高殿堂并不是偶然，这与她多年从事研究、醉心科研、艰苦奋斗、克服困难、一丝不苟的精神品质息息相关。为了一个使命，执着于千百次实验。萃取出古老文化的精华，深深植入当代世界，帮人类渡过一劫。而屠呦呦的事迹也道出了创业精神中很可贵的一点——执着。

创业精神的内涵可以说包罗万象，但在创业过程中起到决定性作用的创业精神包含四方面：创新、冒险、合作、执着，其中创新是灵魂，冒险是天性，合作

创业机会的来源

商业机会与创业机会的联系与区别

是精髓，执着是本色。这些创业精神为创业的人们指明了努力的方向。

（一）典型的创业精神

1. 创新

从古希腊人发明混凝土到莱特兄弟驾驶世界上第一架飞机飞上蓝天，从瓦特发明蒸汽机到引力波的发现，从毕昇使用活字印刷到屠呦呦发现并成功提取青蒿素，人类的每一次进步都离不开创新。可以说，创新几乎贯穿了整个人类文明史。

在当代社会中，由创新带来的成功的创业案例比比皆是。智能手机的创新成就了苹果，搜索引擎的创新成就了谷歌，个人计算机图形界面操作系统的创新成就了微软，销售模式的创新成就了戴尔……创新是创业精神的核心与灵魂。创业未必一定意味着创新，但带有创新色彩的创业将会让你的企业充满活力，甚至驶上发展的快车道，成为潜力无限的明日之星。

值得一提的是，创新不单指技术上的创新，市场创新、组织形式的创新都属于创新的范畴。比如说戴尔，其在创立之初没有任何技术上的优势，但正是凭借全新的销售模式击败了很多老牌的计算机制造商，才在激烈的市场竞争中脱颖而出。所以，有技术和专利当然好，如果没有，那也没必要钻技术方面的牛角尖，而应该在更多方面开动脑筋，在创业的具体实践中发现可以创新的地方，为初创期的企业注入真正的活力。

2. 冒险

第一个吃螃蟹的人显然在进行一场"冒险"，那么，他到底是赢家，还是输家？

其实，如果第一个有机会吃螃蟹的人没有吃，那么自然会有其他人去吃，不冒险很可能意味着永远失去机会。成功的创业者的个性各不相同，但绝大多数都有着强烈的冒险精神。他们在条件不成熟、前景不明朗的情况下敢为人先，锐意开拓，闯出了属于自己的一片新天地。

冒险是创业者与生俱来的天性之一。冒险精神不但推动着个人的发展，也推动着整个人类社会的进步。创业本身就带有一定的风险，创业其实就意味着冒险，冒险精神实际上是支撑创业的精神原动力。

3. 合作

当代社会中，行业、市场和专业越来越细分化，单打独斗的"孤胆英雄"式的创业几乎已经成了凤毛麟角。一个人的能力再强，精力再旺盛，也难以独自成就事业。因此，合作是创业者最明智的选择。

合作精神是创业精神中的精髓。拥有良好合作精神的创业者，可以组建出强

小众领域
创业，
大有可为

有力的团队，推动创业活动不断向前。创业者还可以将这种合作精神拓展到每一个成员身上，在面临困境的时候，这种合作精神将让团队焕发出强大的凝聚力，帮助企业渡过难关。

4. 执着

"有志者，事竟成，破釜沉舟，百二秦关终属楚；苦心人，天不负，卧薪尝胆，三千越甲可吞吴。"这是清代著名文学家蒲松龄撰写的一副名联。创业者也正需要这种破釜沉舟、卧薪尝胆的精神。初次创业最容易犯的错误就是浅尝辄止、半途而废，遇到困难就退缩放弃，这些都是成功的"大敌"。创业不可能是一帆风顺的，创业者或多或少都会遇到困难和挫折，甚至会遭遇失败，需要进行二次创业。只有一往无前、坚持到底的创业者才能赢得最后的成功。

典型案例 1-1

"95后"大学生的创业之路

王玄玄是一名普通的"95后"大男孩，他就读于扬州工业职业技术学院。这个大男孩却做了一件令所有老师、同学大吃一惊的事情：还在上大学的他，竟做起了卫生巾的生意，更令人惊讶的是，他的生意居然十分兴隆，每月收入过万。同学们都戏称他为"姨妈哥"。

一、生命不息，创业不止

王玄玄是江苏省徐州市人，他对记者说，"我家里很多人都做卫生巾生意。"王玄玄的大舅和大婶在北京做卫生巾生意，他的姑姑则把生意做到了长沙，王玄玄受家人的影响，也想做卫生巾生意。2014年，王玄玄被扬州工业职业技术学院录取，大一下学期，他就开始了创业，他说："我就想在扬州把生意做起来。"

二、初出茅庐受挫折

初生牛犊不怕虎，说干就干，王玄玄一口气便拿了两万多元的货。"拿货之后就是批发和零售，我自己就在扬州跑。"为了能够把卫生巾推销出去，王玄玄骑着自行车带着两箱货，便开始了自己创业的第一步。然而事情并没有那么简单，"我先去的是一家母婴店，对方说有自己的供货渠道，就把我给拒绝了。"王玄玄的第一次尝试就这样失败了。

不撞南墙不回头，尽管第一次失败了，但在接下来的两个月时间里，王玄玄仍坚持为自己的事业不断努力。扬州市区到处都布满了他的足迹，"养生会所、美容院我都去过，都是被拒绝，两个月里一单生意都没谈成。"

三、"姨妈哥"终于"开张"

接连的失败并没有打击到王玄玄，苦心人，天不负，终于在开始创业后的第三个月，王玄玄的卫生巾生意终于"开张"了，"那是在2015年5月份，离着我们学校不远一家药店里，老板娘拿了4箱卫生巾"，王玄玄尝到了胜利的甜蜜，每箱卫生巾他赚了170元。

到了2015年9月8日，王玄玄从走街串巷的卖货郎正式成为代理商，他也将自行车换成了电动车，"我现在有两辆电动车，扬州市区也小，骑车能跑一圈下来。"为了更清楚地向顾客介绍产品，他总是随身携带着产品示范箱，为了突出自己的产品，他就一家一家地跑养生会所，对各种品牌的卫生巾和自己代理的卫生巾做对比实验。

到了2015年11月，王玄玄对做生意越来越熟练，他一个月大概可以卖出50箱卫生巾，除此之外，他又开始代理空气净化器、婴儿纸尿裤等产品。这样算下来，王玄玄每个月的收入达到1万多元，最多时甚至挣了17 000元。

四、直面争议，勇敢创业

"刚开始做的时候，好多女同学觉得不可思议，男同学们也不理解不支持。"王玄玄笑着告诉记者，但是他知道这个创业选择是正确的，因此他在做好准备之后坚定地迈出了自己的创业之路。

分析问题：

1. 王玄玄身上比较明显的创业精神是什么？

2. 你对他们的创业项目怎么看？说说你的想法。

（二）如何培育创业精神

我们从前文已了解到创新、冒险、合作、执着等几种创业精神，也明白了他们在创业过程中的巨大作用，但问题也随之而来：这些精神并非人人都具备，我们应该如何磨砺自己，培养自己的创业精神呢？

很多人认为创新精神离自己很遥远，但这种想法并不正确。创新无大小之分，大到人工智能的推进，小到一个企业流程的改进，都是创新。事实上，很多创新都来自平日的观察和思考。如果我们能认真观察，发现问题并找到解决的办法，就可能会从学习与生活中发现灵感，找到创业机会，或者在创业活动中找到可以改进的地方，推进企业的发展壮大。

　　冒险精神是我们能否迈出创业的第一步的重要因素。很多同学有创业的想法，但总是瞻前顾后、犹豫不决，他们期望成功，却又害怕失败，这样的状态当然是不适合创业的。这就需要改变自己，要勇敢地去做一些自己平时敢想而不敢做的事情，比如向心仪已久的男孩或是女孩表白，在很多人面前表演或者是演讲等，这些对于培育自己的冒险精神是非常有利的。敢于冒险才是年轻人的天性，大胆地去冒险是培育创业精神的不二之途。退一万步来说，就算是失败了又怎样？仔细想想，其实也没有什么大不了的。只有勇敢地去想、去做，才能让自己迈出成功的第一步。

　　人们在生活中可以特立独行、我行我素，但在创业活动中奉行个人英雄主义是行不通的，合作才是促进成功的不二之选。那么，如何培育合作精神呢？我们可以多参加一些社团，尤其是集体性的体育活动（如足球、篮球、排球，或者羽毛球双打等），在具体的活动中尝试与不同性格的人合作，并形成一定的默契，这样自己的合作精神和合作能力都会得到很快的提升。

　　"只要功夫深，铁杵磨成针。"人们从小就被教育"凡事贵在坚持""凡事要有恒心和毅力"等，但实际上真正能做到坚持到底的人很少。习惯铸就性格，人们可以改变一下自己一直想要改变但没有改变的习惯，比如每天早起、参加健身等，要以一种不达目的誓不罢休的精神去做。获得预期效果之后，产生的成就感会促使人们继续坚持，从而形成一种良性循环。

　　创新、冒险、合作、执着是创业者必须具备的精神基础。有志于成就一番事业的未来创业者们，从现在开始就可以培育自己的创业精神，在生活、工作和实际创业活动中不断调整心态和思维方式，为将来的成功夯实地基。

课堂活动1-1

1. 主题：创业方案大拍卖。

2. 目标：让学生认识到创业精神的可贵，以及自身缺乏的创业精神。

3. 建议时间：10分钟。

4. 材料准备：道具人民币，写有创业方案的纸片。

5. 活动步骤：

第一步：每个人发放500元的道具人民币；

第二步：每种创业方案进行一次拍卖；

第三步：每种创业方案的得主与同学们分享自己的想法，比如买得是否值得以及自己为什么要买。可以在全体范围内进行讨论。

讨论题：

（1）你是否后悔得到你买的东西，为什么？

（2）在拍卖的过程中，你的心情如何？

（3）有没有同学什么都没买，为什么不买？

6. 总结评价：学生充分认识到自己缺乏的创业精神以及这些创业精神的可贵，初步认识到创业精神需要通过自身的争取和努力才能获得。

任务2 认识创业与职业生涯发展的关系

一、对职业生涯发展的认知

（一）什么是职业生涯规划

古今中外的无数事例已经证明，人生需要规划，有良好的人生规划的我们就如插上了翅膀，可以向着梦想展翅高飞。

那么，什么是职业生涯规划？要了解这一点，人们需要先了解什么是"职业"。

"职业"一词，不同于工作，它更多的是指事业。所以，职业问题不是简单的工作问题。职业生涯反映了一种精神层面的追求，职业发展的过程也是个人价值不断实现的过程。

了解了职业的含义，人们对职业生涯也就有了一个更加明晰的看法。想要职业生涯获得发展，就必须有清晰的职业生涯规划。

职业生涯规划是指客观认知自己的能力、兴趣、个性和价值观，发展完整而适当的职业自我观念，个人发展与组织发展相结合，在对个人和内部环境因素进行分析的基础上，深入了解各种职业的需求趋势以及关键的成功因素，确定自己的职业发展目标，并选择实现这一职业发展目标的职业或岗位，编制相应的工作、教育和培训行动计划，制定出基本措施，高效行动，灵活调整，有效提升职业发展所需的执行、决策和应变技能，使自己的事业顺利发展，并获取最大程度的事业成功。

职业生涯规划既可以指个人对自己进行的个体生涯规划，也可以指企业对员工进行的职业规划管理体系。对于个人来说，职业生涯规划可以使个人在职业起步阶段成功就业，在职业发展阶段走出困惑，到达成功彼岸；对于企业来说，良好的职业生涯管理体系还可以充分发挥员工的潜能，给优秀员工一个明确而具体的职业发展引导，从人力资本增值的角度达成企业价值最大化。

为什么要进行职业生涯规划？

如果把一个人的职业生涯比作一次旅行，那么出发之前最好先设定旅游线路，这样才不会错过向往已久的地方，也不会白费力气到达并不喜欢的景点。

尼采说："如果人生没有意义，我就给人生一个意义，用自己的双手去创造一个有意义的人生。"奥斯特洛夫斯基在《钢铁是怎样炼成的》中写道："人最宝贵的是生命。生命对于每个人只有一次。人的一生应当这样度过：当他回首往事时，他不会因为虚度年华而悔恨，也不会因为碌碌无为而羞愧……"这些话很好地指明了职业生涯规划对人生的重要意义。

选择第一份工作对于个人职业生涯规划是十分重要的一步。人们在选择第一份工作时要关注所在行业的发展前景，选择适合自身条件并具有发展潜力的职业。职业发展空间的大小应成为我们考虑的首要问题，而不是薪水的高低。

做好个人的职业生涯发展规划后，在职业发展的道路上，会有很多影响个人的职业发展的因素，其中最重要的应当是个人自身对职业的选择。同时，如何降低职业风险也是个人进行职业生涯规划时需要考虑的问题，如安于现状、不思进取这样的问题是要靠更新知识结构、转换思维模式来解决的。个人的职业生涯规划，事关个人的未来，必须积极面对，不应回避。

（二）如何规划职业生涯

我们该如何进行职业生涯规划呢？下面来看一看职业生涯规划的"五部曲"。

1. 客观全面地认识自我

职业生涯规划最基础的工作是客观全面地认识自我，包括职业兴趣、职业价值观、能力结构、行为风格、各方面的优势与劣势等。只有客观全面地认识自我，才能对自己进行准确的职业定位并确定自己的职业发展目标，选择适合自己发展的职业生涯路线。

在认识自我这个问题上，至少需要了解以下五个方面：

（1）喜欢干什么——职业兴趣。

（2）能够干什么——职业技能。

（3）适合干什么——个人特质。

（4）最看重什么——职业价值观。

（5）人和岗位是否匹配——胜任力特征。

客观全面地认识自我越来越受到人们的关注。比如哈佛大学的入学申请就要求学生必须在其中剖析自己的优缺点，列举个人的兴趣爱好，等等。这充分反映了客观全面地认识自我的重要性。

2. 认清社会环境，评估职业机会

人们都是在社会环境中生存和成长的。只有充分了解这些环境因素，才能降低被环境中的不利因素影响和牵扯的几率，使职业生涯规划更加完善。

我们需要了解更多的职业机会，尤其是一些自己感兴趣的行业、职位对人才素质与能力的要求。只有深入了解这些行业与职位的需求，我们才能结合自身特点评估职业机会，从而选择终生从事的理想职业。

对职业机会的评估需要理性，不能想当然，尤其不能不切实际地向往不熟悉的行业和职位。否则可能会在努力进入这些行业或取得职位后，迟迟不能适应，只能退出并重新选择行业和职位，白白浪费了时间和精力。总之，要做出正确的职业选择，至少应考虑兴趣与职业、性格与职业、特长与职业、价值观与职业等方面是否相匹配，以及内外部环境与职业是否相适应等问题。

3. 选择职业目标，制订发展路径

职业生涯规划的核心工作，就是制订自己的职业目标和选择职业发展路径。通过前面的步骤，我们对各行业的发展、人才的要求以及个体的优劣势已经有了比较准确的认识与判断，在这个基础上，我们就能制订出比较符合实际的短期目标、中期目标与长期目标。

职业目标的选择正确与否，是关系到人生事业成败的大事。根据相关统计，在选错职业目标的人中，超过 80% 在事业上是失败者。

职业目标确定后，要选择向哪一条路线发展。是向行政管理路线发展，还是向专业技术路线发展呢？是先走技术路线，再转向行政管理路线吗？在具体的岗位方面也需要作出选择，是行政管理，还是市场营销？是技术研发，还是服务支持？……由于发展路线不同，对职业发展的要求也不相同。因此，在职业生涯规划中，必须作出最适合自己的抉择，以便使自己的学习、工作以及各种行动措施均沿着自己的职业生涯路线或预定的方向前进。

4. 积极学习，快速行动

在确定了职业生涯目标后，行动便成了关键的环节。这里所说的行动，是指落实目标的具体措施，主要包括工作、训练、教育、轮岗等方面的措施。例如，为达成职业目标，在工作方面，你计划采取什么措施来提高你的工作效率？在业务素质方面，你计划学习哪些知识，掌握哪些技能来提高你的业务能力？在潜能开发方面，你计划采取什么措施来开发你的潜能？这些都要有具体的计划与明确的措施，以便定时检查。

企业未来唯一持久的竞争优势是比竞争对手学习得更快、更好，个人也是一样。现在的时代是终身学习的时代，只有不断更新知识、提升能力，才能保持自己的职业竞争力，逐步达到自己设定的职业目标，取得事业的成功。

5. 根据实际情况适当调整

俗话说："计划赶不上变化"。影响职业生涯规划与发展的因素有很多，有的因素是可以预测的，而有的因素则难以预测。在这样的情况下，要使职业生涯规划行之有效，就须不断地对职业生涯规划进行评估与调整。调整的内容包括：职业的重新选择，职业生涯路线的选择，人生目标的修正，实施措施与计划的变更，等等。

职业发展过程中几乎人人都会碰上理想与现实的脱节，这对有些人来说是致命的，有些人却能走通另一条路。发生这种情况时，最不可取的态度是急于求成，消极对待当前工作，正确的做法是在稳定中求发展。

事在人为，再好的职业生涯规划也取代不了不懈的努力。职业生涯规划的目的是建立目标、树立信心，职业生涯规划只是走向成功的必经之路，最后能否成功，一部分取决于机遇，但主要取决于自己付出了多少汗水。

典型案例 1-2

从"卧底"到老板：钟刚来的超市创业路

2011 年 6 月的某天，钟刚来急匆匆来到教师办公室，说："老师，我不想参加学校安排的顶岗实习，我想创业开超市！""我知道你的目标是创业，但现在你具备创业的条件吗？"李老师问道。"不就是找间门面房，招聘几名员工进货吗？"李老师问他："那么你打算找什么样的门面房，这是选址问题；进什么品种的货，这是货源问题；针对什么人群，这是市场调查问题。""那我该怎么做呢？"看他仍有兴趣，李老师心里有底了，说道："不着急，你现在最缺的是开超市的经验，那么你到哪里获得经验呢？""当然是超市！"他喊道。

三个月后，钟刚来和李老师相约在咖啡馆见面。"老师，我现在在新开业的 A 超市上班。超市里人手少，老板看我工作十分积极，什么事都交给我，我一天要工作 10 到 12 个小时，太累了！""那工资很高了！"李老师笑道。"不高，1 500 元左右！""为什么不跳槽？""老师，不苦不累怎么学得到艺呢？""那你跟我说说你学到了什么艺。""开超市的一整套流程，招聘什么样的员工，进什么货、找什么供货商我都知道了。""你是怎么知道这些的呢？""经销商送货来，我就主动去搬货，顺便向经销商要名片，司机送货，我就向司机要电话号码，甚至把车牌号码都记了下来。""你和老板、供货商关系咋样？""老师，我和供货商关系很好，我休息时经常去拜访他们，他们也很支持我创业的想法！只是不知和老板怎么说，我怕……""不要有'同行是冤家'的狭隘观念，竞争的目的是双赢！你必须要和老板搞好关系，真诚待人是最重要的。""那我应该怎么说呢？""老板心情好时，请老板讲讲他的创业经历，然后表示想向老板学习，最后把自己的创业想法说出来，请老板多给予帮助。"

四个月后，钟刚来请李老师在火锅店吃饭。"感谢老师一直在背后指点我，我现在越来越自信。""看你很高兴，这段时间肯定收获不少，快把学到的小秘密跟我说说！""好！做生意要舍得投入，店铺的门头、内部装修不能马虎，员工管理也要有良好的规章制度！""这些是谁告诉你的？""老板说的！老师，还是您说得对，我把创业的想法告诉老板后，老板不但没有为难我，而且夸我有志气！"

"除了老板,还有一个纸制品供货商指点了我,他也是从我们学校毕业的,现在我就在他那里上班,工资也高,有 2 300 元!"李老师问:"为什么要跳槽?""我在 A 超市干了很长时间,经营超市的一整套流程我都很熟悉了,我跳槽主要是想多了解供货商的'秘密',毕竟开超市要好好与他们打交道!"

钟刚来一步步走向成熟,他走的每一步都跟他的创业梦想息息相关。李老师也坚信他的目标一定能实现。后来两人再见面时,钟刚来的超市已经很成功了,他告诉李老师,他下一步的目标是再开一个大型超市,李老师告诉他:"老师会在背后支持你,祝你成功!"

分析问题:

1. 你对钟刚来的职业生涯规划有什么看法?他的职业生涯规划对你有什么启示?
2. 你未来的职业生涯规划是什么?

二、创业与职业生涯发展

创业是一项复杂的系统工程。创业者需要不断尝试,不断寻找合适的切入点,完善自己的知识结构。在初步创建公司之后,创业者需要通过不断实践来丰富自己的管理知识和技能,让公司走上健康发展的道路。在面对激烈的市场竞争时,创业者需要不断调研市场行情,改变公司策略,适应新的局势,同时也要维护好与同行业人员的关系,避免恶性竞争。无论是在创业前还是创业中,创业者都需要扩大社交圈,增加自己在社会上的人脉,拓宽自己的信息来源渠道,也要制订好自己的生活工作表,避免过度工作。在事业发展到一定程度之后,要善于使用公司连锁等方式,形成规模效应,让公司更加具有竞争力。创业者需要通过努力,逐渐实现客户资源和渠道资源的积累,以及公司的可持续性发展。更重要的是,创业者必须要有全局的观念、长远的规划,能够实现对企业和市场的全盘把握,并能规划企业的未来。创业对创业者创新能力的提升也很有裨益,因为个人和企业只有不断创新,才能有长远的发展。

创业对职业生涯发展的作用无疑是巨大的。创业者所需要的能力是非常全面的,因此,创业的经历可以"倒逼"创业者不断地努力提升,这对于一个人的职业生涯规划无疑具有决定性的作用。

在今后的发展中,创业者如果创业成功,则可以持续经营,将企业做强做大。如果创业失败,也可以东山再起。事实上,很多投资人都很看重所投资企业的领导者是否有过创业经历，因为有过创业经历的人在经验、人脉、心态、资源等各个方面都比初出茅庐的创业者要胜出很多。而如果创业之后再次就业，不管之前是创业失败，还是创业成功后转让企业，有过创业经历的人在职场上都具有很强的竞争力。因为一般创业者所具备的战略眼光、全盘思考的能力以及阅历、视角都比普通求职者更有优势。

总而言之，前途是光明的，道路是曲折的，只有坚持自己的信念，才可能取得成功。创业之路不会一直平坦，但如果考虑到创业对人生、对职业生涯发展的巨大意义，即使这条路上布满荆棘，也值得创业者勇敢地去试一试。

🔍 课堂活动1-2

1. 主题：梦想分享。

2. 目标：让学生认清人生目标，并了解生涯规划的重要性，掌握职业生涯规划的方法。

3. 建议时间：10分钟。

4. 材料准备：纸、笔。

5. 活动步骤：

第一步：让学生分享自己的梦想；

第二步：让学生讨论怎样实现自己的梦想；

第三步：每个人简要地写下自己的职业生涯规划。

6. 总结评价：学生充分认识到了职业生涯规划的重要性，并初步掌握职业生涯规划的方法。

任务3 学会自我认知

一、自我认知

自我认知是一个心理学概念，也叫"自我意识"或"自我"，是个人对自己的行为和心理状态的认知，也是对自己的洞察和理解。

有人说，每个人都有三个自我：实际的自我、别人眼中的自我和自己眼中的自我。这句话很好地说明了主观上的自我与客观上的自我是有区别的。

认识自我，实事求是地评价自己，是自我调节和人格完善的重要前提。如果一个人不能正确认识自我，看不到自己的优点，觉得自己处处不如别人，就会丧

失信心，产生自卑情绪，做事畏缩不前；相反，如果一个人过高地评价自己，也会骄傲自大、盲目乐观，易导致工作的失误。因此，恰当地认识自己、全面地认识自己，能够使我们克服不切实际的想法，在工作和生活中找到最适合自己的方向。

自我意识主要包括三个方面的内容，即自我认识、自我体验和自我监控。

（一）自我认识

自我认识是主观自我对客观自我的认识与评价。我们需要认识自己的身心特征，然后在这个基础上对自己作出判断。正确的自我评价，对个人的心理活动及行为表现有较大的影响。

自我认识在自我意识系统中具有基础地位，属于自我意识中"知"的范畴，涉及自身的方方面面。

成功创业者的
五大特征

人们可以进行自我认识训练，人们要重点认识的有以下三个方面的内容：第一，个人的身体特征和生理状况；第二，个人在集体和社会中的地位及作用；第三，个人的内心心理活动及其特征。

自我评价建立在正确认识自己的行为和活动的基础之上，是通过比较来实现的。一般来说，囿于年龄和阅历，青年学生的自我评价能力普遍不高，大多属于评价过高型，也有少部分人对自己评价过低。

自我评价是自我认识的核心，对自我体验和自我监控起着决定性作用。我们必须想办法提高自我评价能力。而要提升自我评价能力，应学会与别人比较，并通过比较对自己作出评价。此外，还可以借助别人的评价来评价自己，学会用一分为二的观点评价自己。

（二）自我体验

自我体验是个人对自身的认识引发的内心情感体验，是主观的我对客观的我所持有的态度，如自信、自卑、自尊、自满、内疚、羞耻等都是自我体验。自我体验往往与自我认识、自我评价有关，也和自己对社会的规范、价值标准的认识有关，良好的自我体验有助于自我监控的发展。对自己进行自我体验训练，会让人有自尊感、自信感和自豪感，不自卑、不自傲、不自满。随着年龄的增长，每个人都应该懂得要为做错事感到内疚，为做坏事感到羞耻。

（三）自我监控

自我监控，也叫自我调控，是自己对自身行为与思想言语的控制。

自我监控具体表现为两个方面：一是发动作用，二是制止作用，也就是积极开展某一行为，抑制与该行为无关或有碍于该行为进行的行为。进行自我认识、自我体验的训练目的是进行自我监控，调节自己的行为，使行为符合群体规范，符合社会道德要求，通过自我监控调节自己的认识活动，提高学习效率。

"慎独"是自我监控的一个典型例证。人们需要提高自我监控能力，由外控制向内控制转变，也就是说我们需要"内心强大"，要提升自我约束能力。人们常常在外界的压力和要求下被动地从事实践活动，比如只有老师要求做完作业后检查，我们才会进行检查。针对这种现象，人们应学会如何借助外部压力，发展自我监控能力。

二、创业与自我认知

很多人都认为自己是最了解自己的人，但实际情况往往不同，人们有时并没有自己想象的那样了解自己。老子说："知人者智，自知者明。"对于创业者来说，拥有"知人"之智很重要，因为创业者需要学会识人、用人。同样的，拥有"自知"之明也很重要，因为创业者需要不断地突破自我，实现自身价值。

那么，我们作为一个准备创业的人，要从哪些方面来了解客观真实的自己呢？

这个问题和如何交朋友有些类似。刚认识一个新朋友时，人们会通过对方对一些事情的反应，去大致推断对方对朋友的态度、对钱财的态度、对家庭的态度、对事业的态度等。人们也会在网上做各种有趣的性格、心理测试来了解自己和朋友隐藏的特质。那么在创业的领域，有没有这么一套类似性格测试的评估体系来供我们参考呢？

剑桥大学贝尔宾教授的"团队角色理论"为人们判断自己在创业过程中最适合扮演何种角色提供了很好的测评方法。团队角色理论将创业者分为实干家、协调员、推进者、智多星、外交家、监督员、凝聚者、完美主义者。具体见表1-1。

表1-1　团队角色理论

创业者类别	描　述
1. 实干家	（1）角色描述：实干家非常现实、传统甚至有些保守，他们崇尚努力，计划性强，喜欢用系统的方法解决问题；实干家有很好的自控能力和纪律性，对公司的忠诚度高，为公司整体利益着想而较少考虑个人利益 （2）典型特征：保守；顺从；务实可靠 （3）积极特性：有组织能力、实践经验；工作勤奋；有自我约束力 （4）能容忍的弱点：缺乏灵活性；对没有把握的主意不感兴趣 （5）在团队中的作用：①把谈话与建议转换成实际步骤；②考虑什么是行得通的，什么是行不通的；③整理建议使之与已取得一致的计划和已有系统相配合
2. 协调员	（1）角色描述：协调员能够引导一群不同技能和个性的人向着共同的目标努力。他们代表着成熟、自信和信任，办事客观，不带个人偏见；除权威之外，更有一种个性的感召力，在人际交往中能很快发现每个人的优势，并在实现目标的过程中妥善运用，协调员因其开阔的视野而广受尊敬 （2）典型特征：沉着；自信；有控制局面的能力 （3）积极特性：对各种有价值的意见不带偏见地兼容并蓄，看问题比较客观 （4）能容忍的弱点：在智能以及创造力方面并非超常 （5）在团队中的作用：①明确团队的目标和方向；②选择需要决策的问题，并明确他们的先后顺序；③帮助确定团队中的角色分工、责任和工作界限；④总结团队的感受和成就，综合团队的建议
3. 推进者	（1）角色描述：说干就干，办事效率高，他们自发性强，目的明确，有高度的工作热情和成就感；遇到困难时，他们总能找到解决方法；推进者大都性格外向且干劲十足，喜欢挑战，好争辩，而且一心想取胜，缺乏人际间的相互理解，是一个具有竞争性的角色。意志坚定，过分自信的推进者对任何失望或失败都反应强烈 （2）典型特征：思维敏捷；开朗；主动探索 （3）积极特性：有干劲，随时准备向传统、低效率、自满自足挑战 （4）能容忍的弱点：好激起争端，爱冲动，易急躁 （5）在团队中的作用：①寻找和发现团队讨论中可能的方案；②使团队内的任务和目标成形；③推动团队达成一致意见，并朝向决策行动
4. 智多星	（1）角色描述：智多星拥有高度的创造力，思路开阔，观念新，富有想象力，是点子型人才；他们爱出主意，是否高明则另当别论，其想法往往十分偏激和缺乏实际感；智多星不受条条框框约束，不拘小节，难守规则；他们大多性格内向，以奇异的方式工作，与他人打交道是他们的弱项 （2）典型特征：有个性；思想深刻；不拘一格 （3）积极特性：才华横溢；富有想象力；智慧；知识面广 （4）能容忍的弱点：高高在上；不重细节；不拘礼仪 （5）在团队中的作用：①提供建议；②提出批评并有助于引出相反意见；③对已经形成的行动方案提出新的看法

续　表

创业者类别	描　　述
5. 外交家	（1）角色描述：外交家经常表现得高度热情，是一个反应敏捷，性格外向的人；外交家的强项是与人交往，是天生的交流家，喜欢聚会与交友，在交往中获取信息并加深友谊；外交家对外界环境十分敏感，能够最早感受到变化 （2）典型特征：性格外向；热情；好奇；联系广泛；消息灵通 （3）积极特性：有广泛联系人的能力；不断探索新的事物；勇于迎接新的挑战 （4）能容忍的弱点：兴趣易转移 （5）在团队中的作用：①提出建议，并引入外部信息；②接触持有其他观点的个体或群体；③参加磋商性质的活动
6. 监督员	（1）角色描述：监督员是个严肃、谨慎、理智、冷血气质的人，天生就不会过分热情，也不易情绪化，在别人看来监督员都是冷冰冰的、乏味的，甚至是苛刻的，他们与群体保持一定的距离，在团队中最不受欢迎；监督员有很强的批判能力，作决定时思前想后，综合考虑各方面因素谨慎决策，好的监督员几乎从不出错 （2）典型特征：清醒；理智；谨慎 （3）积极特性：判断力强；分辨力强；讲求实际 （4）能容忍的弱点：缺乏鼓动和激发他人的能力；自己也不容易被别人鼓动和激发 （5）在团队中的作用：①分析问题和情景；②对繁杂的材料予以简化，并澄清模糊不清的问题；③对他人的判断和作用作出评价
7. 凝聚者	（1）角色描述：凝聚者是团队中最积极的成员，他们温文尔雅，善于与人打交道，善解人意，关心他人，处事灵活；很容易把自己同化到群体中，去适应环境，凝聚者是群体中最听话的人，对任何人都没有威胁，因而也最受欢迎 （2）典型特征：擅长人际交往；温和；敏感 （3）积极特性：有适应周围环境以及人的能力；能促进团队的合作 （4）能容忍的弱点：在危急时刻往往优柔寡断 （5）在团队中的作用：①给予他人支持，并帮助别人；②打破讨论中的沉默；③采取行动扭转或克服团队中的分歧
8. 完美主义者	（1）角色描述：具有持之以恒的毅力，做事注意细节，力求完美；完美主义者性格内向，工作动力源于内心的渴望，几乎不需要外界的刺激；他们不大可能去做那些没有把握的事情；喜欢事必躬亲，不愿授权；他们无法忍受那些做事随便的人 （2）典型特征：勤奋有序；认真；有紧迫感 （3）积极特性：理想主义者；追求完美；持之以恒 （4）能容忍的弱点：常常拘泥于细节；容易焦虑；不洒脱 （5）在团队中的作用：①强调任务的目标要求和活动日程表；②在方案中寻找并指出错误、遗漏和被忽视的内容；③刺激其他人参加活动，并促使团队成员产生时间紧迫的感觉

只有深刻了解自我，我们才能真正找准自己在创业中的定位，并找到合适的合作伙伴，组建起强有力的团队，让创业更有活力和具备更好的发展前景。

典型案例1-3

小王创业记

某校机械专业的小王，毕业后盲目创业，学着别人卖菜、卖水果、卖服装等，几经波折，却没有一件事取得成功。正当小王垂头丧气时，恰好社区在组织个体经营者进行自我创业资源分析。经过分析，小王发现自己最大的长处还是自己所学的专业。小王的专业是机械，修理汽车是他的专长。在认识到自己的长处后，小王及时调整方向，开了一家汽车修理店，他感到一下子有了广阔的空间，并最终获得了成功。

创业并不是一件容易的事，除了付出艰辛的劳动和努力，还需要对自己的优势和不足有正确的评价，只有这样，才能走向成功。

课堂活动1-3

1. 主题：MBTI 职业性格测试。
2. 目标：让学生进行自我测试，了解自己的特质和优势。
3. 建议时间：10分钟。
4. 材料准备：MBTI 职业性格测试问卷。
5. 活动步骤：
第一步：老师分发测试问卷，学生填写测试问卷；
第二步：学生填写完毕后，老师宣布规则，由学生自己打分；
第三步：老师给出测试结果分析，供学生参考。
6. 总结评价：学生可初步掌握自我测试方法，并了解自己的特质和优势。

MBTI 职业
性格分析

任务4 树立风险意识

一、风险和风险意识

（一）什么是风险

一般来说，企业在经营活动中都会遇到风险。简单来说，风险就是在特定的时间内和一定的环境条件下，人们经过努力不能获得预期收益甚至遭到损失的可能性。

人们常听到类似于"富贵险中求"这样的话。通常来说，回报与风险成正比，回报和收益越大，风险就越高，这也是风险的最大特点之一。比如把钱存在银行是最妥当的，但收益很低；而把钱投在股市中，也许可以获得很高的收益，风险却非常大。

在市场经济条件下，个人或组织面临的内外环境与条件要比在自然经济条件下复杂得多，变化也要迅速、剧烈得多，因而风险也要大得多。企业在发展过程中会面临很多种风险。一招不慎，就可能会导致前功尽弃，出现全盘皆输的局面。

（二）什么是风险意识

风险意识是指我们对风险的感受、认识和态度。

"天有不测风云，人有旦夕祸福"，这句俗语是人们在纷繁复杂的社会生活中自发形成的一种风险意识，也是一种生存的智慧。这句话对个人如此，对家庭如此，对企业也是如此。这里的"不测"就是经济学上的"不确定性"。正是在这种不确定性中蕴含着种种发生风险的可能性。

其实，不论做什么事情，风险都是不可避免的。增强风险意识对避免错误、少走弯路有很好的作用。正所谓"凡事预则立，不预则废"。如果不去分析和预测可能出现的状况（尤其是不利的状况），不去采取措施尽量避免不利的状况，成功的几率就会大打折扣。

换句话说，风险意识就是创业过程中必不可少的"护身符"。

（三）提高风险意识的目的和意义

"善用兵者，未谋胜，先谋败。"创业者在创业的过程中，不可避免地会遇到各种各样的风险。创业像下围棋一样，有成功的可能，也有失败的可能。无论我们是开拓新市场还是开发新产品，都需要考虑到其中的风险。如果不顾风险一味蛮干，很可能就会遭遇到挫折。比如说，在开发一个产品时，我们如果不分析开发过程中的风险而直接去做，一旦失败，投入的成本都将付诸东流，这对企业来说会是很大的损失，严重的时候甚至会导致创业失败。

企业经营是以营利为目的，而利润往往与风险同在。在一定意义上，获取利润的过程就是险中取胜、险中求利的过程，是识别风险、确认风险、评估风险、回避风险、分散风险、转移风险或管理风险并从中获取利润的过程。无论是曾经多么成功、辉煌的企业，如不能有效地管理好自身潜在的或现实的风险，都可能在突降的风险面前败下阵来或"突然死亡"。

加强风险管理是以增强风险意识为前提的。实践证明，没有风险意识或风险意识淡薄的企业或组织，是不可能加强风险管理的。

风险有时就是机遇。与机遇偏爱有准备的头脑不同，风险偏爱无准备的头脑，而对风险无准备的头脑是抓不住机遇的。对处在战略机遇期的我国企业来说，要想抓抢机遇求生存、图发展，就必须增强风险意识，强化风险观念，加强风险管理。

拓展阅读 1-1

大学生创业的十大风险

大学生创业者要认真分析自己在创业过程中可能会遇到哪些风险，这些风险中哪些是可以控制的，哪些是不可控制的；哪些是需要极力避免的，哪些是致命的或不可管理的。一旦出现这些风险，应该如何应对和化解。特别需要注意的是，一定要明白最大的风险是什么，最大的损失可能有多少，自己是否有能力承担并渡过难关。

大学生创业的风险主要有以下几个方面。

一、项目选择

大学生创业时如果缺乏前期市场调研和论证，只是凭自己的兴趣和想象来决定投资方向，甚至仅凭一时心血来潮就作了决定，一定会碰得头破血流。

大学生创业者在创业初期一定要做好市场调研，在了解市场情况的基础上创业。一般来说，大学生创业者资金实力较弱，选择启动资金不多、人手配备要求不高的项目，从小本经营做起比较适宜。

二、缺乏创业技能

很多大学生创业者眼高手低，当创业计划转变为实际操作时，才发现自己根本不具备解决问题的能力，这样的创业无异于纸上谈兵。因此，一方面，大学生应积极去企业打工或实习，积累相关的管理和营销经验；另一方面，大学生要积极参加创业培训，积累创业知识，接受专业指导，提高创业成功率。

三、资金风险

资金风险在创业初期会一直伴随在创业者的左右。是否有足够的资金创办企业是创业者遇到的第一个问题。企业创办起来后，就必须考虑是否有足够的资金支持企业的日常运作。对于初创企业来说，如果连续几个月入不敷出或者出现由其他原因导致企业的现金流中断，都会给企业带来极大的威胁。相当多的企业在创办初期因资金紧缺而严重影响业务的拓展，甚至因此错失商机而不得不关门。

另外，如果没有广阔的融资渠道，创业计划只能是一纸空文。除了可以通过银行贷款、自筹资金、民间借贷等传统方式酬措资金，还可以充分利用风险投资、创业基金等融资渠道进行融资。

四、社会资源贫乏

企业创建、市场开拓、产品推介等工作都需要调动社会资源，很多大学生在这方面会感到非常吃力。因此大学生平时应多参加各种社会实践活动，扩大自己人际交往的范围。创业前，可以先到相关行业领域工作一段时间，并通过这个平台，为自己日后创业积累人脉。

五、管理风险

一些大学生创业者虽然在技术方面出类拔萃，但理财、营销、沟通、管理方面的能力普遍不足。要想创业成功，大学生创业者必须技术、经营两手抓，可从合伙创业、家庭创业或从虚拟店铺开始锻炼创业能力，也可以聘用职业经理人负责企业的日常运作。

创业失败基本上都是由于创业公司的管理方面出了问题，其中包括：决策随意、信息不通、理念不清、患得患失、用人不当、忽视创新、急功近利、盲目跟风、意志薄弱等。特别是大学生知识单一、经验不足、资金实力和心理素质明显不足，更会增加管理上的风险。

六、竞争风险

寻找蓝海是创业的良好开端，但并非所有的新创企业都能找到蓝海。更何况，蓝海也只是暂时的，所以竞争是必然的。如何面对竞争是每个企业都要随时考虑的事，新创企业更是如此。如果创业者选择的行业是一个竞争非常激烈的领域，那么在创业之初极有可能受到同行的强烈排挤。一些大企业为了把小企业吞并或挤垮，常会采用低价销售产品的手段。对于大企业来说，由于规模效益或实力雄厚，短时间的降价并不会对它造成致命的伤害，而对初创企业则可能意味着面临彻底毁灭的危险。因此，考虑好如何应对来自同行的残酷竞争是创业企业生存的必要准备。

七、团队分歧

现代企业越来越重视团队的力量。创业企业在诞生或成长过程中最主要的力量来源一般都是创业团队，一个优秀的创业团队能使创业企业迅速地发展起来。但与此同时，风险也就蕴含在其中，团队的力量越大，产生的风险也就越大。一旦创业团队的核心成员在某些问题上产生分歧且不能达到统一，就极有可能会对企业运营造成强烈的冲击。

事实上，做好团队的协作并非易事。特别是与股权、利益相关联时，很多初创时很好的创业伙伴都会闹得不欢而散。

八、核心竞争力缺乏的风险

对于具有长远发展目标的创业者来说，他们的目标是使企业不断地发展壮大，因此，企业是否具有自己的核心竞争力就是最主要的风险。一个依赖别人的产品或市场来打天下的企业是永远不会成长为优秀企业的。核心竞争力在创业之初可能不是最重要的问题，但要谋求长远的发展，就是最不可忽视的问题。没有核心竞争力的企业终究会被淘汰出局。

九、人力资源流失风险

一些研发、生产或经营性企业需要面向市场，大量的高素质专业人才或业务队伍则是这类企业成长的重要基础。防止专业人才及业务骨干流失应当是创业者时刻要注意的问题，在那些依靠某种技术或专利创业的企业中，拥有或掌握这一关键技术的业务骨干的流失是创业失败最主要的风险源。

十、意识上的风险

意识上的风险是创业团队最内在的风险。这种风险是无形的，却有强大的毁灭力。风险性较大的意识有：投机的心理、侥幸的心理、试试看的心理、过分依赖他人的心理、回本的心理等。

大学生创业过程中所遇到障碍不止这些方面。企业在发展过程中随时都可能遇到灭顶之灾。保持积极的心态，多学习，多汲取优秀经验，发挥大学生既有的特长优势，大学生创业的步伐就会越走越远，越走越稳。

二、增强风险意识的途径

（一）缺乏风险意识的表现

如果缺乏风险意识或风险意识淡薄，那么很可能会危及创业的成功。缺乏风险意识主要表现在以下几个方面。

（1）只注重各种"利润"，没有认识到风险的存在。比如盲目地追求多元化、盲目地低成本扩张、盲目地做大销量。

（2）心存侥幸。相信自己的"运气"比别人好，能躲过风险，因而轻视对可能降临的风险的管理，直到风险突降，才悔不当初，可一旦风险过去，又好了伤疤忘了疼。

（3）被曾经的成功冲昏了头脑，高估企业应对和化解风险的能力，轻敌麻痹，因而不认真做管理风险的精神、物质和组织等方面的准备，直至被风险击败、击垮，才醒过神来，但悔之已晚。

（4）不反思、不惩罚，对各种风险损失抱着无所谓的态度，风险意识和风险管理成为空谈。

（5）凡事只往成功的方面和好的方面想，而看不到事情失败或种种坏的可能性，不愿设想坏的可能甚至最坏的可能，不进行分析打算，更不做任何防范的准备。

缺乏风险意识或风险意识淡薄的创业者，就像一位不成熟的球队教练，在比赛中只会进攻而不会防守，无疑很难带领球队获得很好的成绩。

（二）增强风险意识的途径

如何提升风险意识呢？以下几种方法值得借鉴。

1. 遇到事情考虑周全，将可能遇到的风险记录下来

遇到一些比较复杂的事情时，应当尽量多想一些可能会遇到的状况，分析这些状况发生的可能性及其对整个事情的影响。之后把能想到的状况逐条写下来，看看做这件事情到底会遇到什么样的困难，这样就能明白这个事情的风险所在和成功的几率有多大。久而久之，遇到事情就会三思而后行，对风险就会有充分的思想准备。

2. 不要总是套用经验，而是重新认清局势、找准对策

风险是永远存在的。对企业来说，想要发展必然就有风险。就像在球场上踢球一样，倾力进攻的时候，也许防守就会出现漏洞。社会是发展的，市场环境是不断变化的，风险也是不断变化的。思维需要随着情况的变化而变化，而不能一成不变地套用经验，毕竟套用经验并不是在任何时候都管用，尤其是情况已经发生变化的时候。

3. 与合作伙伴互相提问，尽量利用穷举法提出各种风险问题

不管是已经创业还是准备创业，合作伙伴间遇事应该多深入探讨。需要保持开放的心态，不要太过于固执己见。一个人的视野总是有限的，多一双眼睛，就能多看到一点问题。多磨合，多讨论，这样不仅能培养自己和合作伙伴的风险意识，同时也能取长补短，发现双方的优点和缺点，共同进步提高。

4. 认真思考风险会产生的后果，积极主动地面对和解决问题

风险不可怕，可怕的是没有发现它。人们一方面需要认真思考风险的后果，一方面也要积极思考如何避免和解决问题。遇到风险就裹足不前不是明智的选择，合理规避风险、想好应对策略才是成熟的标志。

典型案例 1-4

精诚所至，金石为开

多年前，来自小城市的徐伟杰怀着对大学的渴望，独自坐上了前往福建省厦门市的列车。在求学期间，他的父母从未来过学校看望过他，甚至没给他寄过生活费和学费。来校报到时，他身上的"贵重财产"仅有他用暑期打工挣的钱购买的一台笔记本电脑和一部手机。

一次徐伟杰生病了，高烧近40度，看病交费时却发现自己支付不起医药费，十分窘迫，半夜两点多打电话向父母要钱的心情更令他至今难忘。那一晚，徐伟杰下定决心，一定要创立自己的事业。

大一的暑假，徐伟杰决定留在厦门市做暑期工。上完最后一天班，他拍了一张他穿着拖鞋踩在城中村的泥泞的地面上的照片，并发给了辅导员老师。辅导员老师回复他了一句话："无论怎样，都要坚持下去。"徐伟杰至今仍记忆犹新。大二时，学校大规模调整宿舍，他遇见了接下来的两年中在他的创业生活中最重要的一群人。徐伟杰曾经是国家航模队的队员，进入大学后他仍然延续着这项爱好。凭借"无人机航拍"的项目，徐伟杰团队在"创青春"福建省青年创新创业大赛中获得银奖。大二时他与舍友们一拍即合，集资购置设备，在大学生创业园开设店面，开始了第一次创业。他们很快就开始承接项目，收益十分可观。到了大三，由于深圳非常知名的A科技公司的扩张，无人机航拍业几乎没有入行门槛。经过深思熟虑，徐伟杰团队决定开发自己的产品，同时分出两个舍友开始第二次创业——开淘宝店卖零食。就这样，他们默默支撑了一年。一方面淘宝店生意蒸蒸日上，另一方面无人机产品也找到了新的方向。毕业将至，身边同学都忙着找工作，徐伟杰则忙着把淘宝零售业务转移到福建省泉州市的大学生电商创业基地，同时在厦门市集美区开办了自己的公司，主要经营无人机产品。

然而，意外不期而至。先是一个合同使公司损失60多万元，又恰逢厦门市筹办金砖国家领导人会晤，政策明令无人机在福建省全省禁飞一年。从毕业不到一年，获得净利润上百万元的云端，到各种困难相继而至，公司亏损数十万元的低谷，一共只用了不到两个月的时间。

　　经过深思熟虑，徐伟杰决定停办公司。从前的一位客户在得知他的情况后，请他去一趟上海。这位客户手头上有135个项目需要监管，但他对这方面业务不熟悉，他便想到了徐伟杰，徐伟杰意识到这是一个"东山再起"的契机，但是在项目经营过程中，徐伟杰发现政府项目存在回款周期长的问题，而他的公司属于小微企业，难以承受周期过长的资金压力，加之上海的生活环境对他来说也难以适应，徐伟杰便开始思考接下来的方向。此时正值金砖国家领导人会晤圆满结束，徐伟杰便当机立断，决定转让项目，让团队重回厦门。他重新梳理了业务方向，发现测绘行业中无人机航空测绘正如火如荼地开展，但市面上又缺乏一款安全可靠的无人机采集应用软硬件体系。徐伟杰公司便抓住机会，与全球最大的测绘仪器生产商B达成战略合作协议，最终形成了行业内独有的"行业无人机全产业链"。

分析问题：

1. 徐伟杰曾经创业失败的经历给你带来了什么启示？

2. 徐伟杰所遇到的困难和创业风险有哪些？如果你是徐伟杰，如何做才能在创业刚开始时就尽量避免这些困难和风险？

课堂活动1-4

　　1. 主题：扑克游戏中的风险与收益。

　　2. 目标：让学生通过扑克游戏充分认识风险与收益的关系，培养起初步的风险意识。

　　3. 建议时间：10分钟。

　　4. 材料准备：2副扑克牌。

　　5. 活动步骤：

第一步：将学生分为两组；

第二步：每组轮流进行13点扑克游戏；

第三步：学生讨论在游戏中出现的机会与风险，并说说自己选择的理由。

　　6. 总结评价：学生可初步掌握权衡"风险"与"收益"的方法。

任务5　树立利润和成本意识

一、利润与成本

（一）利润

利润一般指的是净利润。净利润也叫净收益，是指在利润总额中按规定缴纳所得税后属于企业的部分，一般也称为税后利润或净收入。净利润的计算公式为：净利润＝利润总额×（1－所得税税率）。

通俗地说，企业的利润就是企业挣了多少钱。对企业来说，净利润是一个企业经营的最终成果，净利润越多，表明企业的经营效益就越好，净利润越少，表明企业的经营效益就越差。净利润是衡量一个企业经营效益好坏的主要指标。

（二）成本

成本是商品价值的组成部分。人们要进行生产经营活动或达到一定的目的，就必须耗费一定的资源，而人们所费资源的货币表现及其对象化称为成本。

通俗地说，如果想要卖出某个产品，就必须花费一定的资金在产品生产及销售的各个方面上，比如租赁厂房、招聘生产人员、购买原材料、发布广告等。花在这个产品上面的这些资金，就是这个产品的成本。

成本也可以理解为了达成某种目的所失去或放弃的资源。比如说，为了做成某件事情，人们花费了大量的时间，也可以说付出了大量的时间成本。

拓展阅读 1-2

创业者必须了解的成本控制常识

资金问题是许多创业者遭遇的最大的难题，如果做不好成本控制，就算一开始资金充足，后面也会出现问题，对于众多创业者，尤其是资金不足的小本创业者来说，成本控制很重要。成本控制要坚持以下原则：

一、经济原则

因推行成本控制而发生的成本不应超过因缺少控制而丧失的收益。有些企业为了赶时髦，实行了一些华而不实的烦琐手续，效益不大，甚至得不偿失。经济原则很大程度上决定了我们只须在重要领域中选择关键因素加以控制。经济原则要求降低成本，纠正偏差，具有实用性。

经济原则要求成本控制系统应具有灵活性。面对已更改的计划和出现的始料未及的情况，控制系统仍能发挥作用。

二、因地制宜原则

对大型企业和小型企业，老企业和新企业，发展快和相对稳定的企业，这个行业和其他行业的企业，以及同一企业的不同发展阶段，管理重点、组织结构、管理风格、成本控制方法和奖励形式都应当有所区别。例如：新企业的重点是销售和制造，而不是降低成本；正常经营后的管理重点是经营效率，要控制费用并建立成本标准；扩大规模后的管理重点转为扩充市场，要建立收入中心和正式的业绩报告系统；规模庞大的老企业的管理重点是组织的巩固，周密的计划和建立投资中心。适用于所有企业的成本控制模式是不存在的。

三、全员参与原则

对领导层的要求：①重视并全力支持；②具有完成成本目标的决心和信心；③具有实事求是的精神，不可好高骛远，更不宜急功近利、操之过急，唯有脚踏实地、按部就班，才能逐渐取得成效；④以身作则，严格控制自身的责任成本。

对员工的要求：①具有控制愿望和成本意识，养成节约习惯；②能够与他人良好合作；③正确理解和使用成本信息，据以改进工作、降低成本。

成本日常控制的主要方面有：

（1）材料费用的日常控制。供应部门材料员要按规定的品种、规格、材质实行限额发料，监督领料、补料、退料等制度的执行。生产调度人员要控制生产批量，合理下料、合理投料，监督期量标准的执行。

（2）工资费用的日常控制。主要是劳资员对生产现场的工时定额、出勤率、工时利用率、劳动组织的调整、奖金、津贴等方面的监督和控制。

（3）间接费用的日常控制。有定额的按定额进行控制，没有定额的按各项费用预算进行控制，如采用费用开支手册、企业内费用券（又叫本票、企业内流通券）等形式来进行控制。

成本控制是创业者必须了解的技巧，通过成本控制，让有限资金得到合理利用，既可以降低创业成本，更可以有效降低创业风险。

二、利润与成本意识

（一）利润与成本控制的关系

想要创立并经营好一个企业，必须牢牢把握住利润和成本，必须做到"开源节流"。开源，就是努力增加营业额；节流，就是在不影响企业正常经营的情况下厉行节约。只有这样，才能最大限度地获取利润。

由此可见，企业的利润和成本控制有着非常大的关系。成本直接影响着收益，同等条件下，成本越高收益越低，成本越低收益越高，因此，要提高收益就必须千方百计地降低成本。特别是伴随着市场竞争日益激烈，企业的利润空间不断缩小，精确地计算产品的成本和加强成本控制尤为重要。只有牢牢树立起成本意识，才能让企业保持健康和良好的发展态势。

企业要想在激烈的竞争中立于不败之地，首先必须获得成本优势，继而要发挥和保持这种优势，这是实现成本领先战略的主要途径。而成本优势的获得不限于成本本身，企业必须从管理的高度挖掘成本降低的潜力。只有企业的每位员工都充分意识到成本控制的重要性，时刻秉承着降低成本的思想，管理人员在日常的工作和生活中，注重节俭，节约每一度电、每一升水，一线生产人员在生产过程中不断提高自己的业务水平，减少操作上的失误，才能真正实现降低成本。虽然这些看起来都是小事，但正是这些细小的环节加在一起，决定了一个公司的成败。

丰田公司在办公用品的使用上节省得近乎苛刻，譬如公司内部的便签要反复使用四次，第一次在正面使用铅笔写，第二次在正面使用水笔写，第三次在反面使用铅笔写，第四次在反面使用水笔写，甚至厕所水箱里都要放块砖头来节水。

（二）树立成本意识的途径

树立成本意识的一个重要的途径是让企业的每一个成员都树立起牢固的主人翁意识。成功创业来之不易，每一个创业企业的成员都需要珍惜这种成果，以企业为家，尽心尽力地为企业发展作出贡献。在这样的氛围下，员工就会自觉地节约成本，注重企业的效益提升。企业不仅能通过这些日常工作的细节节约成本，有时候一个正确的决策更会大幅降低成本。

树立成本意识的另一个重要的途径是让企业的每一个成员都充分认识到企业成本降低的潜力是无穷无尽的。当然，这种成本的降低必须建立在维持企业发展、维护企业效益的基础上。比如接待重要客户时，如果只为了节约成本而选择了低档次的招待场所，怠慢了客户，客户因此怀疑公司的诚意和实力，本来已经要签约却又选择不再与公司合作，这样让"煮熟的鸭子"飞走了的做法实在是得不偿失。

"强本而节用，则天不能贫；养备而动时，则天不能病"。降低成本并不是依靠一两个人的努力就可以做到的，而是需要企业中的所有人都参与进来。因此，我们不仅要注重提高自己的成本意识，也要将成本意识注入企业中的每一个人的心中。以全体员工为对象构建企业成本意识，强化培训教育和管理者的带头作用，树立现代成本意识，建立企业节约文化。

企业文化是企业发展强大的内在驱动力，从某种意义上说，现代企业竞争，归根到底是企业文化竞争。"节约型"企业文化可以转化成具有持久优势的生产力和竞争力，不断带动企业创造更好的经济效益和社会效益。

典型案例 1-5

控制成本是成功的关键

从高中开始，小王就协助家人做生意。大学期间，小王也做过小生意，虽然没有赚到大钱，但大多也算成功。大学毕业后，小王干了两年多的大宗贸易工作，积累了一定的资金，后来便和一个朋友合伙开店。朋友专职经营店铺，小王暂时在店铺兼职，并打算时机成熟再辞职。

第一次创业的人，大多是满腔激情，过于自信，什么都是往好的方面想。小王也一样，他从来没有想过经营不善时自己要采取什么应对方法、失败后应该怎么办等问题。

开店最主要的是选址，小王凭感觉选择了店址，接着就开始进行装修、进货。小王和他的朋友花钱都比较大手大脚，根本就没有想过如何有效地控制开支，因此买了许多不该买的东西，店铺各方面准备完成后，他们身上的钱也花得差不多了，比预期多花了30%。

店铺经过半个月的准备，终于开张了。但生意并没有想象中的火爆，小王把该做的宣传都做了，效果并不是很好。

由于开支太大，加上前期不懂得有效地控制成本，开业前半年他们的店一直是亏本经营。而且小王所开的店铺的主营项目在秋冬季节才属于旺季，进入炎热的夏天，经营更加惨淡，最后他们不得不选择放弃。

虽然这次创业小王失败了，但是他也学到了不少东西，对此他做了如下的总结：

（1）创业不要只想着成功之后会怎么样，应该更多地考虑失败时的情况，这不只指金钱，还包括个人的自信心、个人信誉、家庭等，无论怎么样，都要为自己留条后路。

（2）创业前期一定要学会如何有效地控制成本，否则后期的周转就会有很大的问题。获得成功的因素有很多，但有时一个很小的错误就会导致失败。

（3）做生意，不熟不做，要不然肯定要走不少弯路，交不少"学费"。

成功不是追求得来的，而是被改变后的自己吸引过来的。现在，小王深刻地领悟了这句话。

分析问题：

1. 缺乏成本意识对小王的创业造成了什么样的影响？

2. 如果是你，你会如何规划这个店铺的创业？

课堂活动1-5

1. 主题：成本利润估算竞赛。

2. 目标：让学生了解成本和利润的构成，并形成成本和利润意识。

3. 建议时间：15分钟。

4. 材料准备：一袋有标价的食品。

5. 活动步骤：

第一步：老师拿出一袋有标价的食品；

第二步：每位学生在纸上写下对这种食品的生产成本和售卖成本的估算，并算出工厂和超市的利润；

第三步：老师写出生产成本和售卖成本的构成，让学生对自己的结果进行修正；

第四步：老师给出正确答案，让学生进行比对并讨论。

6. 总结评价：学生能够初步建立起对成本与利润的认识，初步养成成本利润意识。

项目 2　创业能力认识

💡 **学习目标**

1. 认识创业者所需的四种创业能力：战略决策能力、经营管理能力、资源整合能力和创新能力。
2. 掌握提升上述四种创业能力的方法。

导入案例

百炼成钢：从实践中磨炼创业能力

杜林刚出生于山东省农村，从小家境贫寒。2002 年，因父亲身体不好，在泰山医学院上学的杜林刚便做起了英语报纸征订的小生意。2004 年，他进入中国石油大学学习。2006 年，他带着毕业证书和学士学位踏上了追梦之旅。2007 年，他开始辛苦打拼，此后，他欠过超百万元的巨额债务，但在最困难的时候，也没有想过要放弃追求梦想。2014 年，杜林刚注册成立了一家文化传播有限公司，在公司发展的过程中，他始终坚持存好心、说好话、做好事的"三好"理念，始终把传递正能量作为公司发展的主线，引导广大在校大学生积极进取，积极踏上社会，引导他们真正了解自己、了解社会，然后再回到大学去学习能够让自己收获人生幸福的知识。在十几年的发展历程中，公司本着让利于广大大学生的宗旨，团队规模也壮大到 15 000 余人，业务发展到广东、山东、辽宁、江苏、福建等省份，公司每年创造的利润达到 1 000 多万元，更为重要的是，每年支付给大学生的工资超过了 300 万元。

公司具有的互利共赢的理念，让杜林刚的公司成为行业内的一匹黑马。

公司在 2014 年成立初就和多家文化传播发展有限公司签约，同时还代理了几个著名品牌，为公司的后续发展奠定了坚强的基石。杜林刚用其敏锐的眼光捕捉到了在线教育的兴起，并和外语在线教育平台知名网校建立了合作关系。同时，公司还积极开拓新的发展领域，在大学生职前培训、高校人才服务等方向不断拓展。这些举措使公司能够为大学校园里面的小伙伴们提供更好的服务、更好的盈利能力、更好的发展空间。

杜林刚说，自己创立公司一开始是为了个人的温饱和小康，现在他已经把更多的精力转向帮助大学生创业上面，想要把自己当年创业的一些经验和困难、对待事业的心态、为人处世的态度技巧等传递给大学生们，让他们在学校就做好进入社会的准备，能够在校一边学习、一边实践，成长得更快更强。

分析问题：

1. 杜林刚说，他想用自己的经验帮助想创业的大学生，让他们"能够在学校里一边学习、一边实践"，这样会"成长得更快更强"，你认同他的说法吗？为什么？

2. 读完这篇材料，你觉得自己的能力足够创业吗？如果不够，还需要提升哪些能力？

任务1　认识战略决策能力

一、战略与战略决策

（一）战略

一个企业的战略决定了它的发展方向和发展前景。

企业战略是对企业的各种战略的统称，包括营销战略、发展战略、品牌战略、融资战略、技术开发战略、人才开发战略、资源开发战略等。企业战略可以随着社会经济的发展不断调整和更新，互联网战略、信息化战略就是新的战略。

虽然企业战略有许多种类，但本质上都是相同的，企业战略都是一种对企业的长远规划，是长期、基本的整体谋略。

（二）战略决策

有战略，就有战略决策。换句话说，战略决策就是决定在企业的某个方面运用哪一种战略来发展。

战略决策是战略管理中极为重要的环节，它起着承前启后的枢纽作用。战略决策的依据是战略分析阶段所提供的决策信息，包括行业机会、竞争格局、企业能力等方面。战略决策要综合各项信息确定企业战略及相关方案。战略实施则更详细地分解展开各项战略部署，实现战略决策意图和目标。

战略决策正确与否是企业经营成败的关键，它直接关系到企业的生存和发展。决策正确可以使企业沿着正确的方向前进，提高企业竞争力和适应环境的能力，取得良好的经济效益。反之，如果决策失误，就会给企业带来巨大损失，甚至会导致企业破产。

拓展阅读 1-3

传统战略决策模型主要有 SWOT 模型。除 SWOT 模型外，还有其他模型可同时用于战略分析和战略决策，如波士顿矩阵、麦肯锡矩阵等。下面以波士顿矩阵为例进行说明。

一、基本原理

本方法将企业的所有产品按销售增长率和市场占有率进行再组合。在坐标图上，以纵轴表示企业销售增长率，横轴表示市场占有率，各以 10% 和 20% 作为区分高、低的中点，将坐标图划分为四个象限，依次为"明星类产品（★）""问题类产品（？）""金牛类产品（￥）""瘦狗类产品（×）"。其目的在于通过对产品所处不同象限的划分，使企业采取不同决策，以保证其不断淘汰无发展前景的产品，保持"明星""问题""金牛""瘦狗"类产品的合理组合，实现产品及资源分配结构的良性循环。

二、基本步骤

主要包括：核算企业各种产品的销售增长率和市场占有率。销售增长率可以采用本企业的产品销售额或销售量增长率。时间可以是 1 年或是 3 年，以至更长的时间。市场占有率可以采用相对市场占有率或绝对市场占有率，但是要采用最新的资料。

三、基本计算公式

本企业某种产品绝对市场占有率 = 该产品本企业销售量 / 该产品市场销售总量

本企业某种产品相对市场占有率 = 该产品本企业市场占有率 / 该产品市场占有份额最大者（或特定的竞争对手）的市场占有率

四、绘制四象限图

以 10% 的销售增长率和 20% 的市场占有率为高低标准分界线，将坐标图划分为四个象限。然后把企业全部产品按其销售增长率和市场占有率的大小，在坐标图上标出其相应位置（圆心）。定位后，按每种产品当年销售额的多少，绘成面积不等的圆圈，依次标上不同的数字代号以示区别。

二、战略决策能力

（一）战略决策能力的构成

战略决策能力主要由以下几个方面构成：

1. 预测能力

决策与预测是密不可分的，创业者要具备卓越的决策能力，首先应具备良好的预测能力。预测是决策的基础，决策是预测的延续，正确的决策必须要有准确的预测，如果没有准确的预测，很可能会导致决策失误。

预测的目的是为企业决策提供准确的资料、信息和数据，使企业在正确预测的基础上，选择符合企业发展的令人满意的方案。

2. 提炼能力

提炼能力是指创业者以敏锐的感知和创新性的思维，准确和迅速地提炼出各种问题并提出解决方案的能力。

创业者要以开放和包容的态度获取尽可能广泛的决策方案，尤其不能局限于传统的解决办法，要善于借助他人的力量帮助自己选择决策方案。另外，对各个决策方案要进行提炼，以把握各个方案的本质和核心，从而正确地评估各个方案的条件及效果，分析各个方案实施的可能性。

3. 决断能力

创业者要拥有能从众多决策方案中选取令人满意的方案的能力，以及危机时刻或紧要关头当机立断的决断能力。这种能力是创业者进行决策的关键能力，误选、漏选会使企业遭受重大损失，或使企业与成功失之交臂。

对此，创业者必须把握以下几个要点：一是所选取的方案实施的条件是否具备。若条件不具备，则要弄清获得该条件的代价是什么。二是所选取的方案与企业的宗旨和决策目标是否相符，若不符则不可取。三是所选取的方案是否能被决策方案的受益人及相关利益人接受。四是所选取的方案是否能被决策方案的执行者接受，好的决策方案只有认真贯彻执行以及实施后才能最终达成，这是我们要注意决策方案是否能够被接受的原因。五是所选取的方案的风险有没有得到正确的评估。有些创业者在选取决策方案时只看到"乐观"的一面，而没有考虑环境和其他因素可能的变化，这种盲目乐观的情绪往往会给企业带来重大损失。

（二）战略决策能力的提升

战略决策能力的提升须从以下几个方面着眼：

1. 培养全局视野和长远眼光

"战略决策"和"战略"息息相关，战略意味着大局和长远规划。因此，在对待任何事情时都需要高屋建瓴、通盘考虑。创业者需要多阅读与自己创业相关的行业文章和创业文章，以及相关的财经信息，以扩展自己的战略视野，提升自己的思维高度。闭门造车、盲人摸象都是不可取的，都不利于创业。

2. 克服从众心理

从众心理是指个体对社会的认识和态度被群体对社会的认识和态度所左右的现象。有从众行为的人，考虑的是自身的行为能否为大众所接受，追求的是一种安全感。从众心理重的人容易接受暗示，一般较少有主见，依赖性比较强，容易迷信权威或名人。决策能力强的人，能够摆脱从众心理的束缚，不拘常规、大胆探索，因此他们独具慧眼，能发现一般人不能发现的问题，寻找到更多的机遇。

3. 增强自信心

没有自信心就难以决策，拥有较强的自信心是决策能力较高的人所具有的明显的心理特征。增强自信心有以下途径：首先，要有迎难而上的胆量，不能逃避。其次，要变被动思维为积极思维。"凡事预则立，不预则废"，平时善动脑筋，关键时刻自然敢作决定。再次，要培养自己的责任感和义务感，跳出个人的小天地，这样自信才能坚实可靠。最后，平时要注意与那些有自信心、敢作敢为的人交往，时间长了，耳濡目染，必然会受到积极的影响。

4. 不过于追求完美

创业者如果做什么事情都要求十全十美，不想有任何挫折或失误，那么就容易畏首畏尾、裹足不前。创业者需要把握大局，权衡利弊得失，这样才能当机立断、达成目标。在日常学习和工作中勇于开拓，多加权衡，决策能力和水平就会得到较大的提升。

典型案例 1-6

田井新创业团队和他们的外卖平台

东北大学秦皇岛分校学生田井新和他的小伙伴们一同搭建了一个针对在校大学生的 A 生活服务平台。这个平台由开发运营团队的 30 个人、一个 App、一个微信公众号、一个网站、众多商家组成。最先提出这个想法的是田井新的同学苏泊。2015 年年初，苏泊同几个同学提出一起开一家超市，但大家认为开超市虽然能挣钱，但没啥"意思"，不如做一个"O2O"的生活服务平台，就从送外卖开始，大家便一拍即合。同学焉诗豪负责做微信公众号和网站，来自计算机系的闻一鸣负责制作 App。假期过后，软件和网站基本成型，接下来就看如何运营了。

运营是一件很麻烦的事，田井新和几个同学负责这一部分。他们和一个个外卖店联系，"刚开始跟商家说话都感到害羞，现在好多了。"田井新说。与外卖店谈合作很顺利，只是很多店主年纪较大，不会用智能手机，他们需要帮店主下载、安装，然后再教店主使用。很多店主当时说学会用了，但第二天电话就打过来，说又不会用、接不了单了。遇到这种情况，田井新他们就得马上赶过去。

配送是个大问题。好多外卖店都抱怨，因为需要一个专门的配送人员，所以增加了店里的开支。针对这一情况，田井新和他的小伙伴们便组建了自己的配送队伍，帮外卖店配送。配送是个累活，报酬少了没人干，报酬多了又给不起。他们通过以下措施来解决这个问题：首先把配送时间固定在中午 12 点和下午 6 点左右，网上订单下好后，由配送人员集中取一次，然后发给各个宿舍楼负责配送的同学，这些学生就住在本栋宿舍楼，他们下课回宿舍的时候顺便就捎回去了，所以不用付出太大精力配送。

现在除了送外卖，他们的业务还扩展到了超市。他们的配送额也十分可观，"平台能得到配送额的 10% 到 15% 作为利润，大家还是有信心做下去的。"田井新说。

分析问题：

1. 田井新的创业团队是如何做出做外卖平台的决策的？你认为他们的决策合理吗？
2. 如果是你，你对选择创业项目会如何分析和决策？请说说你的想法。

课堂活动1-6

1. 主题：体验特尔斐法。

2. 目标：让学生了解特尔斐法的决策过程、决策流程和方法。

特尔斐法（亦译德尔菲法），又名专家意见法或专家函询调查法，是采用背对背的通信方式来征询专家小组成员的预测意见，经过几轮征询，使专家小组的预测意见趋于集中，最后做出符合市场未来发展趋势的预测结论。通常的流程如下：建立一个小组，小组中每一位专家都非常善于解决同类问题（如5年后公司的销售情况）。要求每位小组成员对这些事件进行预测并得出预测结果，计算出均值、方差等。重复以上预测过程若干次后，往往会得出一个较为统一且较为精确的答案。

3. 建议时间：10分钟。

4. 材料准备：一罐玻璃弹珠。

5. 活动步骤：

第一步：每5个学生分为一组，选举出1位小组长；

第二步：老师出示一罐玻璃弹珠（老师预先知道其数量），然后让每一位组员察看并推测其中弹珠的数量；

第三步：小组长收集组员的预测结果，并计算每个小组的平均数、中位数、方差等，并将其出示给小组成员。重复推测过程三次，或直到推测结果保持相对稳定为止；

第四步：老师给出正确答案，并让组员比较他们最初的个人推测结果，与最后小组结果的正确程度；

第五步：老师介绍特尔斐法及在企业决策中的使用。

6. 总结评价：学生能够了解群体决策并初步掌握特尔斐法进行决策。

任务2 认识经营管理能力

一、企业经营管理

企业经营管理是指企业对整个生产经营活动进行决策、计划、组织、控制、协调，并对企业成员进行激励，以实现其任务和目标的一系列工作的总称。

企业经营管理包括很多方面，比如确定企业的经营形式和管理体制，设置管理机构，配备管理人员，建立、健全经济责任制和各种管理制度；经营预测和经营决策，确定经营方针、经营目标；编制经营计划在内的各类计划；企业日常管理（包括人力资源的利用和管理，管理设备、物资，管控产品和服务质量，组织销售，财务和成本管理等），等等。

二、经营管理能力

（一）经营管理能力的构成

经营管理能力包括四个方面的内容——战略规划能力、决策能力、财务监管能力和公共关系能力。

1. 战略规划能力

战略规划是企业经营管理的最重要的职能之一。企业所面对的经营管理环境非常复杂，很多因素变化很快，而且竞争激烈。在这样的环境里，企业如果想要维持长期稳定的生存与发展，就必须审时度势、高瞻远瞩，为企业规划出合理的发展蓝图。

2. 决策能力

经营管理能力的核心是决策能力。企业经营管理能力的高低，在很大程度上取决于领导者的决策能力的高低，尤其是领导者所做出的关系企业发展前途的重大决策的正确与否。如果决策正确，企业就可以充分发挥优势、扬长避短，在激烈竞争的商海中乘风破浪；而如果决策失误，企业就可能陷入风雨飘摇、朝不保夕的境地。

3. 财务监管能力

资金的筹措、运用与增值的过程，就是企业财务活动运作的过程。财务的职能集中表现为资金筹措职能、资金运用职能、增值价值分配职能以及经营分析职能。企业经营过程中的战略制定、决策、创新与开发，都必须以财务为基础，并通过财务表现来评判。对创业者来说，随时把握住财务动向是必需的，否则就不能清晰地了解企业经营的实际情况。

4. 公共关系能力

公共关系是企业同外部的社会经济环境保持协调的职能。公共关系的内容包括：企业与投资者的关系，与往来厂商的关系，与竞争者的关系，与顾客的关系，与员工的关系，与地区居民的关系，与公共团体的关系，与政府机关的关系，等等。投资者、往来厂商等都是企业必须要经常打交道的对象，公共关系做不好，会直接影响到企业的声誉和销售效果，因此维护好公共关系也是初创企业顺利发展的保证。

（二）经营管理能力的提升

创业者需要从以下几个方面来提升自己的经营管理能力。

1. 全面学习管理知识

管理是一门成熟的、系统的学科，必要的管理知识是每位创业者都必须学习的内容。作为创业者来说，必须把学习摆在重要地位，这是提高自身的知识水平和管理实战能力的必由之路。创业者要从实践中学习，也要从书本上学习，通过不断验证和领悟，提高自身管理能力，做到学以致用，提高分析和解决问题的能力，增强工作的预见性和创造性。

2. 练就良好的执行力

执行力是创业者需要具备的最基本的条件，一个出色的创业者应该是一个好的"统帅"，在企业经营中能临危不惧、身先士卒。执行力体现在完成公司目标的程度上，创业者要严格执行公司的既定目标与规章制度，按时完成各项工作，认真履行公司赋予的职责。创业者的个人素质以及思维方式，会对执行力产生决定性的影响。总之，我们的工作中必须既有计划、又有总结，以保证执行的效果。

3. 培养勤思考的习惯

勤思考是提升自我的重要方式。创业者必须以高瞻远瞩的眼界去观察和思考，掌握事情发展的内在规律，提高协调和处理各种矛盾的能力。遇到重大问题时，不要急于简单地处理，要三思而后行，对问题进行分析，争取以最佳的方法去处理。在日常工作和学习中，也要注意培养观察问题和发现问题的能力，抓住问题的重点和难点，从中掌握问题的主要矛盾，及时处理。

4. 提升自己的协调和沟通能力

创业者在工作中要注意协调好管理团队内部以及各个部门之间的关系。管理工作很大程度上依赖于组织成员之间良好的沟通，这是保证组织行为成功的重要因素。沟通的方式是多样化的，比如下达指令、汇报、问题探讨、日常交流等。

创业者还通常需要将企业的发展理念、经营思路、经营目标等信息准确地传递给员工，并指引和带领他们实现目标。除此之外，还要经常与员工进行沟通，鼓励他们提出一些对企业发展有利的意见和建议，以便企业及时改善。沟通是现代管理的一种有效的工具，有效的沟通可以大大提高不同层次管理者的管理能力，沟通好了会使管理工作水到渠成、挥洒自如。沟通能力强的创业者，可以极大地促使业务信息无阻隔流通，提高管理工作效率，降低经营成本。

典型案例 1-7

大学生经营公司，一年创收 3 600 万元

在河南科技大学开元校区，当记者见到 20 岁、充满朝气和自信的曹君娴时，很难想象这个青春靓丽的大三学生，竟是一家在"新四板"（区域性股权交易市场）挂牌上市的公司的法定代表人，还是第二届"河南最美大学生"候选人。

一、18 岁成为企业法定代表人，学校图书馆是她的"办公室"

曹君娴家在河南省南阳市唐河县，在她上小学时，家里开了一家加工厂，隔壁的面粉厂因为经营不善抵押给了她家。让曹君娴没想到的是，在她 18 岁高中毕业那年，父亲送了一份特别的"成人礼"，她成了一家新注册的面粉厂的法定代表人兼董事长。这家曹氏百川现代特色农产品开发股份有限公司注册于 2016 年 4 月，当年 9 月，曹君娴成为河南科技大学法学院的一名本科生。当时，曹君娴除了每天下课，几乎都泡在图书馆里。曹君娴笑着说，学校图书馆就是她的充电站兼"办公室"，她经常半夜 12 点才离开。为了管理公司，她每天都要和职业经理人开视频会议，每周开中层会议，每个月都要回公司处理事务。

二、"内外兼修"，她让传统挂面焕发新活力

刚入校一年多，她瞅准机遇，在 2017 年年底，让公司和河南科技大学食品学院联合成立了科研实验室，依托实验室的科研力量，曹君娴的公司推出了兼顾营养与口感、生产附加值高的复合挂面。

除了练好"内功"，曹君娴还带领大伙儿推出一系列包装精美的礼盒装复合挂面，让挂面这种大家熟悉的食品变成了馈赠亲朋的礼品。

不到 3 年时间，公司主营业务年收入就从 1 000 万元增长到 2018 年的 3 600 万元，并在"新四板"挂牌上市。

三、"荞麦计划"暗含理想，未来还要不停学习

为了响应"大众创业，万众创新"的号召，曹君娴推出了"荞麦计划"，并一举拿下了第四届中国"互联网＋"大学生创新创业大赛和 2018 年"创青春"全国大学生创业大赛的银奖。

曹君娴说，"芃麦"一词出自《诗经》里的"我行其野，芃芃其麦"，意思是"我行走在田野上，看到麦苗生长得很茂盛"。

其实，这个计划暗含着曹君娴的理想，那就是让农民真正体会到丰收带来的喜悦，让企业像蓬勃生长的麦子一样欣欣向荣。"芃麦计划"从小麦种植、深加工再到销售环节，助力精准扶贫，让公司的产品销往了江苏省、湖北省及河南省省内多地。

校园里的曹君娴看上去和普通的女大学生没什么区别。对于成为第二届"河南最美大学生"候选人，曹君娴说，她感觉更多是因为她的二次创业。在她看来，父辈们做的是传统面业，她接手后将新时代的思维方式融入传统面业，"大学毕业后考研也好，继续做企业也好，但永远不能停止学习"。

分析问题：

1. 曹君娴的经营管理能力是从哪里得到锻炼的？

2. 你认为经营管理能力包含哪几个方面？你自己可以从哪些方面来提升这些能力？

课堂活动1-7

1. 主题：CEO竞选。

2. 目标：培养学生对于经营管理的全盘思考能力和演讲能力。

3. 建议时间：20分钟。

4. 材料准备：3～4张竞选演讲提纲。

5. 活动步骤：

第一步：老师介绍企业情况，并提供演讲思路（提纲）；

第二步：学生进行准备，之后参考老师的演讲思路或自定思路上台发表简短竞选演讲；

第三步：其他学生投票选举，选出CEO；

第四步：老师点评，学生讨论。

6. 总结评价：学生初步理解CEO思维方式和经营管理对于企业的作用。

任务3　认识资源整合能力

一、创业资源与创业资源整合

（一）创业资源

创业资源是指新创企业在创造价值的过程中需要的特定资源，包括有形与无形两大类，它是新创企业创立和运营的必要条件，主要表现形式为：创业人才、创业资本、创业机会、创业技术和创业管理等。

创业者获取创业资源的最终目的是利用这些资源获得创业的成功。创业资源会对创业产生积极的影响。

（二）创业资源的整合

创业者能否成功地开发出机会，进而推动创业活动向前发展，通常取决于他们能否掌握和整合资源，以及能否对资源加以充分利用。许多创业者早期所能获取与利用的资源都相当匮乏，而优秀的创业者在创业过程中所体现出的卓越的创业技能之一，就是创造性地整合和运用资源，尤其是那种能够创造竞争优势，并带来持续竞争优势的战略资源。

尽管与已存在的进入成熟发展期的大公司相比，创业型企业资源比较匮乏，但实际上创业者所拥有的创业精神、独特创意以及社会关系等资源，同样具有战略性。因此，对创业者而言，一方面要借助自身的创造性，用有限的资源创造尽可能大的价值，另一方面更要设法获取和整合各类战略资源。

二、创业资源整合能力

资源整合能力是创业者必备的能力之一。为了确保公司持续发展，创业者需要利用有限的资源创造更多的价值。

那么，如何提升资源整合能力呢？

（一）学会"拼凑"

很多创业者都是"拼凑"高手，通过加入一些新元素，与已有的元素重新组合，形成在资源利用方面的创新行为，进而可能带来意想不到的惊喜。创业者通常利用身边能够找到的一切资源进行创业活动，有些资源对他人来说也许是无用的、应废弃的，但创业者可以通过自己独有的经验和技巧，加以整合创造。例如，很多高新技术企业的创业者并不是专业科班出身，可能是出于兴趣或其他原因，对某个领域的技术略知一二，却凭借这个略知的"一二"敏锐地发现了机会，并迅速实现了相关资源的整合。

整合已有的资源，快速应对新情况，是创业的利器之一。创业者善于用发现的眼光，洞悉身边各种资源的属性，将它们创造性地整合起来。这种整合很多时候甚至不是事前仔细计划好的，往往是具体情况具体分析、"摸着石头过河"的产物。这也正体现了创业的不确定的特性，这十分考验创业者的资源整合能力。

（二）步步为营

创业者分多个阶段投入资源，并在每个阶段投入最有限的资源，这种做法被称为"步步为营"。步步为营的策略首先表现为节俭，设法降低资源的使用量，降低管理成本。但过分强调降低成本，会影响产品和服务质量，甚至会制约企业发展。例如，为了求生存和发展，有的创业者不注重环境保护，有的创业者盗用别人的知识产权，还有的创业者以次充好，等等。这样的创业活动尽管短期内可能赚取利润，但从长期而言，发展潜力有限。所以，创业者需要"有原则地保持节俭"。

步步为营的策略还表现为自力更生，减少对外部资源的依赖，目的是降低经营风险，加强对所创事业的控制。很多时候，步步为营不仅是一种最经济的做事方法，还是创业者在资源受限的情况下寻找实现企业理想目的和目标的途径，更是在有限资源的约束下获取满意收益的方法。习惯于步步为营的创业者会形成一种审慎控制和管理的价值理念，这对创业型企业的成长及其向稳健成熟发展期的过渡尤其重要。

（三）发挥资源杠杆效应

尽管存在资源制约，但创业者并不会为当前控制或支配的资源所限制，成功的创业者善于利用关键资源的杠杆效应，利用他人或者别的企业的资源来完成自己创业的目的：用一种资源补足另一种资源，产生更高的复合价值，或者利用一种资源撬动和获得其他资源。其实，成功的公司也不只是一味地积累资源，他们更擅长于资源互换，进行资源结构更新和调整，积累战略性资源，这是创业者需要学习的经验。

对创业者来说，容易产生杠杆效应的资源，主要包括人力资本和社会资本等非物质资源。创业者的人力资本由一般人力资本与特殊人力资本构成，一般人力资本包括受教育背景、以往的工作经验及个性品质特征等。特殊人力资本包括产业人力资本（如与特定产业相关的知识、技能和经验）与创业人力资本（如先前的创业经验或创业背景）。调查显示，特殊人力资本会直接作用于资源获取，有产业相关经验和先前创业经验的创业者能够更快地整合资源，更快地实施市场交易。而一般人力资本使创业者具有知识、技能、资格认证、名誉等资源，也为创业者提供了同窗、校友、老师以及其他连带的社会资本。

相比之下，社会资本有别于物质资本、人力资本，是社会成员从各种不同的社会结构中获得的利益，是一种根植于社会关系网络的优势。在个体分析层面，社会资本是嵌入、来自并浮现在个体关系网络之中的真实或潜在资源的总和，它有助于个体开展目的性行动，并为个体带来行为优势。社会交往频繁的创业者所获取的相关商业信息更加丰裕，从而有助于提升创业者对特定商业活动的深入认识和理解，使创业者更容易识别出常规商业活动中难以被其他人发现的顾客需求，进而更容易获得财务和物质资源——这正是其杠杆作用所在。

（四）设置合理的利益机制

资源通常与利益相关，创业者之所以能够从家庭成员那里获得支持，就因为家庭成员不仅是利益相关者，更是利益整体。既然资源与利益相关，创业者在整合资源时，就一定要设计好有助于资源整合的利益机制，并借助利益机制把潜在的和非直接的资源提供者整合起来，从而实现借力发展。因此，整合资源需要关注有利益关系的组织或个人，要尽可能多地找到利益相关者。同时，要分析清楚这些组织或个体和自己以及自己想做的事情是否真的有利益关系，利益关系越强、越直接，成功整合资源的可能性就越大，这是资源整合的基本前提。

利益相关者之间的利益关系有时是直接的，有时是间接的，有时是显性的，有时是隐性的，有时甚至还需要在没有利益关系的情况下创造出来。另外，有利益关系也并不意味着能够实现资源整合，还需要找到或发展共同的利益，即找到或发展利益共同点。因此，结识到利益相关者后，逐一认真分析每一个利益相关者所关注的利益非常重要，多数情况下，将相对弱的利益关系变强，更有利于资源整合。

然而，有了共同的利益或利益共同点，并不意味着就可以顺利实现资源整合。资源整合是多方面的合作，切实的合作需要有真正能够实现各方面利益的预期加以保证，这就要求寻找和设计出多方共赢的机制。对于在长期合作中获益、彼此建立起信任关系的合作，双赢和共赢的机制已经形成，进一步的合作并不难。但对于首次合作，建立共赢机制尤其需要创业者的智慧，要让对方看到潜在的收益，从而为了获取收益而愿意投入资源。因此，创业者在设计共赢机制时，既要帮助对方扩大收益，也要帮助对方降低风险，降低风险本身也是扩大收益。在此基础上，还需要考虑如何建立稳定的信任关系，并加以维护和管理。

典型案例 1-8

大学生创业开寿司店

2019 年，孙延宇在大连科技学院读大学四年级，24 岁的他在学校附近的一个商场的二楼，租了一间不到 6 平方米的摊位，做起了寿司生意。孙延宇说，他出生在农村，家里一直很穷，所以他很早就想着怎么赚钱。上高中时孙延宇就想辍学去打工，后来被父母强行阻止。他说："我的父母虽然是农民，文化程度也不高，但他们还是觉得上学更重要。"

孙延宇说他很庆幸没有高中辍学，上大学不光开阔了自己的视野，也打开了自己的思维。大学期间，为了给家里减轻负担，孙延宇一直在做各种兼职，他不仅自己承担了四年的学费，偶尔还会给家里寄钱。后来，他想自己创业，因为自己喜欢吃寿司，且大连的寿司行业发展潜力很大，所以他选择了卖寿司。

对于他来说，创业最难的地方是缺少启动资金，这时孙延宇的女友小周给了他极大的帮助。女友小周当时是一名大学三年级的学生，为了帮助男友创业，她用多年积攒的 1 万元零花钱付了 1 年的摊位租金，没课时还经常来店里帮忙。孙延宇说："当初店面选址时，就是听了我女友的，没有选择在我自己的学校旁边开店，因为我们学校那边已经有好几家寿司店，而这边我的店是第二家。"

女友小周没课的时候就会来店里帮忙，她每天早起准备材料，有订单时还会外出送外卖。因为店面不大，他们也就没有加雇人手，都是谁没课谁就过来看店。孙延宇在店里时，一般都是他去送外卖，偶尔订单太多时，两个人都要往外跑送外卖。虽然很累很辛苦，小周却表示她很开心。她说："困难在所难免，但只要我们一起努力一起解决，那就没有什么是困难的。幸福是靠两个人一起创造的。"

在女友的帮助下，孙延宇的寿司生意做得有声有色，生意好时一天能赚五六百元。这让孙延宇更加坚定了创业的信心，他说："以前穷，没钱，跟女朋友一起出去逛街的时候一直很内疚，看到什么东西也没钱给她买。现在好了，最起码我们再去逛街的时候，给她买什么东西也不用来来回回地看标价了。"

接下来，孙延宇和女友都想把生意的规模再扩大一点，要么换一个大点的店面，要么就再开一个分店。他们想通过自己的努力，让自己和自己的家人都能过上更好的生活。

分析问题：

1. 孙延宇和女友是怎样解决资源投入问题的？你认为孙延宇和女友对现有资源利用得好不好？

2. 这个案例对你利用自身资源有什么启发？

课堂活动1-8

1. 主题：团队资源大比拼。

2. 目标：让学生了解创业资源并学会整合和利用已有资源。

3. 建议时间：10分钟。

4. 材料准备：无。

5. 活动步骤：

第一步：学生自由组合成4～5人一组的小团队；

第二步：每个团队按照"人才""资本""市场""技术"等资源类别列举出自己团队所拥有的资源；

第三步：每个团队进行资源整合后进行展示；

第四步：全体学生评选出具备最佳资源的团队。

6. 总结评价：学生总结在活动中学习如何寻找及优化资源，从而锻炼自己整合资源的能力。

任务4　认识创新能力

一、创新与创新能力

（一）创新

创新是指以现有的思维模式提出有别于常规或常人思路的见解为导向，利用现有的知识和物质，在特定的环境中，本着理想化需要或为满足社会需求，而改进或创造新的事物（包括产品、方法、元素、路径、环境等），并能获得一定有

创新能力
测试一

益效果的行为。

创新对于创业的重要性不言而喻。没有创新，一个企业就很难快速发展，可以说创新是创业企业最宝贵的核心要素。

（二）创新能力

创新能力是技术和各种实践活动领域中不断提供具有经济价值、社会价值、生态价值的新思想、新理论、新方法和新发明的能力。创新是经济竞争的核心。当今社会的竞争，与其说是人才的竞争，不如说是人的创新能力的竞争。

创新能力是创业者最重要的能力之一，也是一个初创企业的活力所在。

詹天佑的
创新故事

二、创新能力的提升

创新能力并非与生俱来，而是可以通过后天培养的。

（一）综合利用各种方法

这些方法有组合法、类比法、联想法等。创新是有规律可循的，人们经过学习和训练会使创造力获得迅速提高，创新潜能得到有效开发。这对于提高技术创新效率、创新水平、创新成果的产业化极为有益。

创新能力
测试二

（二）总结前人的经验和教训

前人的经验和教训是创新的基础，通过借鉴前人的工作，后人可以站在巨人的肩膀上看待问题、考虑问题和解决问题。

（三）注意发现和总结前人失败的教训

通过前人失败的教训，可以发现很多问题，还可以通过改变方法和途径，成功地解决一些目前遇到的问题。

（四）学会借鉴和组合

将别人的经验与自己的创新完美结合，充分利用并使之成为自己的东西，在实践中提高创新能力和创新意识。

创新能力
测试三

（五）遇到问题注意从多方面思考

只有常思考，养成思考的习惯，创新才能在不知不觉中出现，单纯地为创新而创新，实现创新的可能性也不会很大。只有从多方面考虑和解决问题，才能出现解决问题的灵感，才能创新。

（六）培养科学的学习习惯和思考习惯

人们要摒弃社会中的不良习气，切实发现自己真正的兴趣，并推而广之，坚持不懈地沉醉在发现问题和解决问题的思考当中；要善于用逆向思维考虑问题的症结，不断培养自己的直觉，并及时保存思维的灵感火花，使其成为研究的新发现；科学的态度也很重要，这需要人们在思考问题的时候聚精会神，真正深入一

个问题的每个层次中，否则效率就会降低，只会使瞬间的灵感迅速溜走。

（七）持续积累夯实基础知识

可以肯定，良好的基础知识是创新成果诞生的基点。优秀的创新成果都是饱含科技含量的，没有坚实的知识积累和深厚的知识底蕴，是不可能孕育出优良的发明的。

此外，针对每个人的不同情况，要提高创新能力还要做到以下几点：首先，必须具有强烈的事业心和责任感。具有高度使命感的人，才会有强烈的忧患意识，才能"先天下之忧而忧"，战胜自我，不断寻求新的突破。其次，必须用人类的文明成果武装自己的头脑。创造性思维作为一种思维创新活动，必然要以知识的占有作为前提条件。没有丰富的知识作基础，思维就不可能产生联想，不可能利用知识的相似点、交叉点、结合点引发思维转向，不可能由一条思维路线转移到另一条思维路线，实现思维创新。最后，必须坚持思维的相对独立性。思维的相对独立性是创造性思维的必要前提，因此我们更应该加强思维独立性并积极提高创新能力。

典型案例 1-9

创业让青春更精彩

陈若雯，女，广东人，1995年9月出生，中共预备党员，毕业于广东女子职业技术学院应用外语系商务英语专业，百香果综合休闲园项目合伙人。在大学期间，陈若雯的创业项目曾获评广东省2016年"挑战杯"创业计划竞赛项目省赛"铜奖"，2016年"挑战杯——彩虹人生"广东职业学校创新创效创业大赛高职组生产工艺革新与流程优化类作品省赛"三等奖"，以及第二届中国"互联网+"大学生创新创业大赛校内选拔赛"三等奖"，等等。

作为一名离开家乡到广州市求学的大学生，陈若雯对广州市最深刻的印象便是快节奏的生活以及在这种生活节奏下的人们所承受的巨大压力，无论是大学生，还是白领上班族，每个人每天都在赶时间。于是，渐渐地，她便萌发了一个念头——为人们提供一个可以减压的地方，一个可以让人们放松身心的地方。

自从有了这个想法以后，她便开始思考要如何着手去干。然而，场地问题便是她遇到的第一个大难题，没有场地，这个设想最终只会是空想。可能是因为内心较为坚定，所以她并没有因此放弃这个想法，她开始四处寻找合适的场地，但是多数场地的价格是一名大学生所支付不起的。几经挫败，她的朋友给她介绍了一位果农，恰好果农所拥有的果园正是她所想要的场地。果农所种的主要植物是百香果，百香果是一种很利于健康的水果。于是，她很快便与果农合作，共同打造百香果综合休闲园。

解决了场地问题以后，她便开始着手设计总体的营销模式。对于这个项目，她不想遵循传统的"农家乐"模式，在看到同学们玩的"QQ农场"后，她顿时有了灵感。陈若雯将"种植+休闲+旅游"为一体的新型综合园区与"互联网种养"相结合，把互联网与优化改造后的传统农家乐模式融合起来，在传统农家乐提供亲身体验种植的基础上，优化了种植归属模式，每户家庭可现场"领养"自己种植的种苗，也可以通过网络领养，并增加了线上对植物成长状况的长期跟踪服务，定时将其作物生长状况以影像的形式向其归属者呈现，当作物可以收成时为"认领"的家庭提供现场采收或成果快递服务，弥补了传统"农家乐"无法达到长期、便利、完整地感受农作的不足之处，增加了农作物种植的娱乐性，提高了休闲园的用户体验，优化了作物收成及运输流程。

一路走来，陈若雯收获了很多创业经验，她将所有的经验总结成一句话："在创业的路上，你会遇到很多难题和瓶颈，但是如果你愿意去尝试和坚持，你就会收获不一样的精彩。"

分析问题：

1. 陈若雯的创业项目有哪些创新点？
2. 这个案例对你有什么启发？

💡 课堂活动1-9

1. 主题：头脑风暴法演练。
2. 目标：让学生学会头脑风暴法，学会运用自己的创新思维。
3. 建议时间：20分钟。
4. 材料准备：无。

5. 活动步骤：

第一步：老师介绍头脑风暴法的基本原则和运用方式；

第二步：分成2～3个组，老师给定一个题目，小组用头脑风暴法进行讨论；

第三步：各组讨论完毕后，陈述各自的解决方案，并由老师点评。

6. 总结评价：学生能初步在活动中掌握创新方法和实际应用的途径，锻炼自己的创新思维。

第二部分

观海
——创业环境认知与项目选择

"东临碣石，以观沧海。"曹操的千古名句今天读来仍然让人感受到雄浑的气魄。

经历了"听潮"时的期待与向往，现在我们终于可以一睹创业之海的壮阔与浩瀚。这个时候我们既要有饱满的激情，又需要有审慎的态度，因为在创业的筹备阶段，我们需要有严谨求实的科学精神和勇往直前的非凡勇气。

第二部分"观海"告诉我们如何开始创业筹备。我们在这一部分中将要学习如何寻找创业项目、组建创业团队、开展市场调查，以及构建商业模式。

本部分课程内容适合对创业已经有一点了解的同学。通过学习，同学们将会对创业项目、创业团队、市场调查以及商业模式有一个概貌性的了解，对创业筹备有一个较清晰的认知，并通过一系列的能力课程提升自己在创业筹备中的各项能力。

项目 3　找准创业项目

💡 **学习目标**

1. 认识创业项目。
2. 掌握寻找创业项目的方法。
3. 掌握创业项目 SWOT 分析法。

导入案例

上下铺兄弟的两次创业

就读于郑州大学数学与统计学院的两位大学生在家乡经营家庭农场，发展苗木经济，创业一年多，销售额就高达 500 多万元。

一、首次创业：刚进大学校门，两人就琢磨着创业

这两位创业的大学生，一位名叫王硕，另一位名叫聂威振。

"我们俩是睡在上下铺的好兄弟。"王硕说，从进大学校门开始，他俩关系就很"铁"。

王硕家是做生意的，可能是受到家人熏陶，他很有经济头脑。入学不到一个月，他就和聂威振合伙在校园里开始了第一次创业。

第一次创业，他们选择在学校卖化妆品。"有亲戚做化妆品代理，我可以从她那里拿货，自己在学校销售。"王硕说。

当时，全校一共有约 40 栋宿舍楼，王硕和聂威振便雇了 40 多人做销售。"起初经营状况不错，每天能赚两三百元，心里特别高兴。"王硕说。但后来，由于他们经营的都是低价化妆品，供货渠道有限，加上与学校商店化妆品专柜竞争的压力较大，他们的销售量逐渐下滑，两人最终选择放弃。

大学生创业经验分享

二、二次创业：进军苗木种植行业，首笔订单 10 多万元

王硕和聂威振将第一次创业失败的原因归结为他们对化妆品行业不了解，没搞清楚产业链的各个环节。

在总结第一次创业失败的经验后，第二次创业，两人就选择了他们相对熟悉的领域——苗木种植。"我家里也有人搞苗木种植，所以我对这个行业还算比较了解。"王硕说。

后来两人通过银行贷款 10 万元，承包了 100 多亩土地，雇人种植树苗。两人主要通过网络寻找求购树苗的信息，推销树苗。刚开始，他们一天打出去 400 多个电话，订购者却寥寥无几。经过很长一段时间，他们终于接到了第一笔订单：来自河北省沧州市的一个客户订购了 1 400 棵树苗。

得知消息后，两人立刻赶往河南省周口市，组织员工给客户挖树苗。他们每天白天陪同客户选树苗，晚上组织工人把树苗装车，一直忙到第二天凌晨 4 点。这样持续了一个星期，树苗才全部装车运输完毕。这笔生意让他们收入 10 多万元。此后，两人种植的苗木逐渐打开销路，收入也逐渐增加。

三、创业升级：扩大种植规模，发展立体式生态农业

王硕和聂威振经营的家庭农场位于河南省周口市太康县，主要种植楸树、紫叶李、嫁接金叶榆等苗木品种。王硕和聂威振拿到营业执照后，正式成立了公司。接下来，他们打算扩大种植面积，采取"公司+农户+销售"的经营模式，研发新品种，养殖家禽，发展立体式生态农业。创业一年多，他们的家庭农场已拥有 20 名固定员工，700 亩土地，销售额达 500 多万元，纯利润有 40 多万元，并间接带动了近 50 名农村青壮年就业。

"创业肯定会影响学习，不过，我在学校有办公室和电脑，公司有事可随时与我沟通，农场也有专人照看。"王硕说，他们在上学时，落下的课程会主动找同学帮忙补上。对于创业，王硕说，一开始家人并不支持，但自从他做成第一笔生意，家人的态度也慢慢地转变了。

分析问题：

1. 王硕和聂威振第一次选择的创业项目为什么会失败，而第二次为什么又能发展起来？

2. 王硕和聂威振的两次创业项目选择对你来说有什么启发？你觉得选择创业项目应该考虑哪些方面？

任务1 寻找创业项目

准确选择项目是成功创业的关键之一，如果项目选择不当，企业就像患上了严重的先天性疾病，即使付出再大的努力，投入再多的资金，也不容易发展壮大。因此，在创业前对创业项目进行考察与选择是非常重要的。

项目选择首先要对市场进行摸底，给出完整的市场调查报告，然后找准项目选择的渠道，最后进行项目评估。

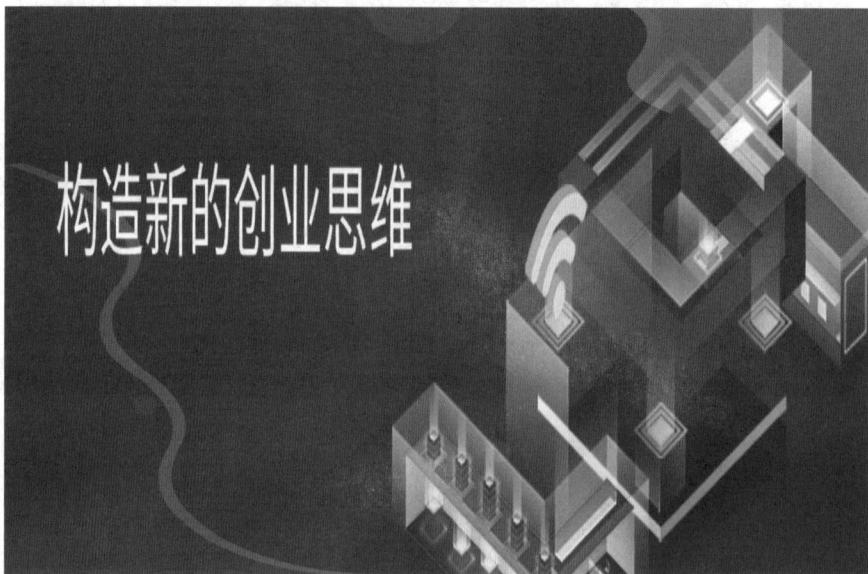

构造新的创业思维

自主创业如何
选择创业项目

一、项目选择途径

项目选择一般有以下几个途径：一是从消费需求变化趋势中寻找，如私家车消费发展、软件业发展等；二是从某个固定消费群体寻找，如企业集中的生活区、高校大学生群体等；三是从市场空隙寻找，初次创业最好是从干小事、求小利做起，做别人不做的事，当然，即使是小事也是要有发展前途的小事；四是从经济社会发展趋势寻找，如国家一定时期的重大决策、地方政府发展规划。作为创业者，要关注时事政治，关心国家、地方政府作出的社会经济发展规划，尤其是国家每年召开的经济工作会议、农村工作会议，因为这些会议都是国家对新的一年所作的部署和安排。

（一）目标市场选择

目标市场是生产经营服务对象的一个或几个细分市场。细分市场是根据顾客之间需求的差异性，把一个产品市场整体划分为若干个顾客群体，每一个由需求特点相似的顾客组成的群体构成一个子市场，如服装市场可按年龄分为儿童市场、青年市场、中年市场、老年市场。没有任何一个企业能够满足所有消费者的需求，企业只能根据自身的技术力量、物质资源及管理能力等条件，在正确细分市场的基础上，找准适合自己的、有自身优势的项目，满足消费者的特定需要。选择目标市场，应具有一定的市场发展潜力，避免"扎堆"，要符合自己的目标和能力，具有内在竞争力。

（二）经营类型选择

选择项目，在很大程度上决定了企业的类型和规模，资金有限的创业者建议考虑选择以下项目：①所需投资不多的劳动密集型行业，如服装、食品加工、印刷包装、工艺品、电子仪器等；②为某些大企业进行零配件加工的行业；③维修、快递、家政、清洗、保健等便民、利民服务行业；④开餐厅、面店、小百货店等；⑤加盟连锁经营。

在农村创业，还可考虑选择以下项目：①承包土地，实现集约化、规模化经营；②举办特种养殖和种植；③举办家庭副业，如开办农家乐；④从事生产经营服务，如农资销售服务、农机专业服务等；⑤建立专业合作组织等。

选择创业项目的四个步骤

二、项目评估

（一）市场评估

市场评估是在市场调查的基础上，对所选项目的市场需求、市场发展前景、市场利益空间、市场可占有份额等进行的综合分析和评价。

（二）条件评估

条件评估主要是对创业项目所需的人、财、物、技术等的可能性进行论证，项目有需求、有钱赚，但企业不一定有能力做，如开办加工厂时，场地资源与原材料、燃料电力、交通、通信以及周边环境等条件，缺一不可。

（三）经济规模评估

投资的直接目的是以最少的投入获取最大的效益，经济规模评估就是根据技术、资金、市场等条件，论证所选项目可能达到的规模，以及这一生产经营规模对投资效益目标的可实现程度。

（四）投资概算与筹措

投资概算与筹措包括资金需求、筹资方案（自有资金、借入资金）等。

（五）效益分析

效益分析包括项目生命周期、成本费用、销售收入、税收利润等，效益分析可建立在对两个项目对比分析的基础上，通过对比，选择最优项目。

三、好项目的特征

好项目都具有明显的特征，在寻找好项目的时候，下列特征可作为参考。

（一）有真实存在的市场需求

有需求才有市场，创业项目必须有真实存在的市场需求。潜在的市场需求适宜作为创业发展项目，但不适宜作为初创项目。这是由生存是初创企业的第一要务的特性决定的。

（二）能够快速回收投资

创业之初，资金成为最现实的问题。创业者一般资金不会太宽裕，能快速回收投资的项目有利于规避瞬息万变的市场风险，有利于启动企业的再循环，有利于增强创业信心与发展后劲。

（三）产品或服务具有竞争力

创业是在现有市场格局中实现新的市场进入。新的市场进入必然要经历市场与客户认知的过程。没有竞争力的项目或者竞争力不强的项目，将很难经受住市场和客户认可过程的时间考验。这就要求创业项目必须比现有的项目具备明显的优势，或者有明显的可持续发展的市场空当。

（四）有相应的资源和技能的匹配

只有适合自己的项目才是好的项目。好的项目应该能与自身拥有的资源或可以整合的资源相匹配，与自己的技能或创业团队的技能相匹配。

💡 **课堂活动2-1**

1. 主题：项目"找茬"。

2. 目标：让学生学会客观看待自己和他人的创业项目，初步学会如何辨别项目的好坏。

3. 建议时间：10分钟。

4. 材料准备：无。

5. 活动步骤：

第一步：学生组成3～5个小团队，每个团队提出自己的一个创业项目；

第二步：团队进行项目展示，并由其他同学找出项目的缺点和不足；

第三步：全部展示完毕后，老师进行总结。

6. 总结评价：学生通过活动锻炼了对项目的洞察能力和客观看待事物的心态。

任务2 创业项目 SWOT 分析

SWOT 分析的目的是用最小的代价在最短的时间内确定问题是否能够解决。其本质首先不是解决问题，而是确定问题是否值得去解决。SWOT 分析主要由四种要素组成。

一、什么是 SWOT 分析

SWOT 分析法，又称为态势分析法或优劣势分析法，用来确定企业自身的优势（strengths）、劣势（weaknesses）、机会（opportunities）和威胁（threats），从而将公司的战略与公司内部资源、外部环境有机地结合起来，是一种常用的战略规划分析工具。

SWOT分析是在内外部竞争环境和竞争条件下的态势分析，将与研究对象密切相关的各种主要内部优势、劣势与外部的机会、威胁等，通过调查列举出来，并依照矩阵形式排列，然后用系统分析的方法，把各种因素相互匹配起来加以分析，从中得出一系列相应的结论，而结论通常带有一定的决策性。

运用这种方法，可以对研究对象所处的情景进行全面、系统、准确的研究，从而根据研究结果制订相应的发展战略、计划以及对策等。

二、启动 SWOT 分析的步骤

（一）分析环境因素

运用各种调查研究方法，分析公司所处的各种环境因素，即外部环境因素和内部环境因素。外部环境因素包括机会因素和威胁因素，它们是对公司的发展有直接影响的有利和不利因素，属于客观因素。内部环境因素包括优势因素和劣势因素，它们是公司在其发展中自身存在的积极和消极因素，属主观因素。在调查分析这些因素时，不仅要考虑到历史与现状，而且更要考虑未来发展问题。

关于环境分析——企业面临的环境因素分析如图 2-1 所示。

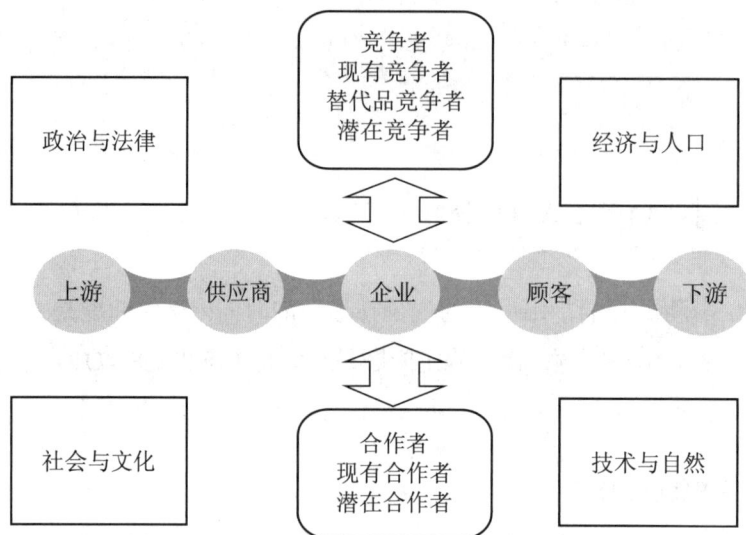

图 2-1 企业面临的环境因素分析

宏观环境分析的内容见表2-1。

表2-1 宏观环境分析的内容

对　象	内　　容
社会与文化	生活价值取向、人生观、价值观、审美观、教育状况、文化传统、生活方式、消费习惯、礼仪交往、亚文化群、习俗等
经济与人口	经济：经济发展状况、经济体制、市场机制完善程度、城市化程度、经济总量（如GDP、GNP）和均量、经济增长率、通货膨胀率、银行利率、外汇汇率、人（家庭）均可支配收入、储蓄倾向、收入结构、个人消费信贷、支出模式、股市行情等；人口：总量、增长速度、结构（性别、年龄、知识、家庭、职业、民族、地理分布）、就业率、失业率等
政治与法律	政治格局：政治局势、国际关系、政党、政治团体等；政府政策：金融货币政策、财政政策、收入分配政策、产业政策和行业规则、政策优惠等；政府法律：税法、企业法、环保法、银行法、保险法、广告法、商标法、专利法、公平交易法等
技术与自然	技术：技术水平、技术政策、研发能力、研发支出、技术发展动向、新技术等；自然：气候、自然资源、地理环境、生态状况、环境污染、资源成本等

微观环境分析的内容见表2-2。

表2-2 微观环境分析的内容

对　象	内　　容
顾　客	直接顾客与最终顾客：数量、分布、结构、顾客需求、购买习惯、购买影响因素、收入支出、议价能力、对现有产品的满意度、变化趋势等
竞争者	行业状况：行业发展阶段、行业成长率、行业进入退出难度、行业竞争类型、竞争者类型、竞争者数量；竞争者：实力强弱、战略意图、市场占有率、获利能力、拥有资源状况、企业能力、核心优势、营销策略组合、反应模式等
合作者	供应商：原料、设备、能源、劳务、资金等供应商，供货价格、质量、稳定性及时性；经销商：批发商、代理商、零售商，市场覆盖率、市场开发能力、经济实力、信誉度、价值取向；服务商：物流、营销、财务、生产、技术等服务商，服务水平、服务价格、服务特长；中介机构：金融、人才、销售等中介，中介实力、中介能力、中介价格、中介信誉；其他合作机构：同行竞争者、政府机构，优势与不足、目标与需求
政府与公众	政府机构、媒体、金融、社团、社区等公众；价值导向、需求、目标、偏好、困扰、公众事件

企业内部环境分析的内容见表 2-3。

表 2-3 企业内部环境分析的内容

对　象	内　容
企业介绍	企业基本情况、主营业务、企业发展历史、企业管理层
企业战略	企业现有目标和战略（或构想）、企业营销目标、过去目标完成状况
企业能力	营销能力：营销人员数量和素质、市场占有率、市场增长率、市场信息获取能力、市场开拓能力、市场响应能力、顾客满意度等；财务能力：销售量、利润率、现金储备量、筹资能力等；生产能力：最大产量、合格率、生产成本等；研发能力：研发人员数量、构成和知识结构、知识产权、研发设备、研发经费、现有技术先进程度、产品开发能力；组织能力：组织结构、部门设置、管理人员数量和素质、招聘和培训机制、员工工资及激励水平等

优势是组织机构的内部因素，具体包括：有利的竞争态势、充足的财政来源、良好的企业形象、技术力量、规模经济、产品质量、市场份额、成本优势、广告攻势等。

劣势也是组织机构的内部因素，具体包括：设备老化、管理混乱、缺少关键技术、研究开发落后、资金短缺、经营不善、产品积压、竞争力差等。

机会是组织机构的外部因素，具体包括：新产品、新市场、新需求、外国市场壁垒解除、竞争对手失误等。

威胁也是组织机构的外部因素，具体包括：新的竞争对手、替代产品增多、市场紧缩、行业政策变化、经济衰退、客户偏好改变、突发事件等。

SWOT 分析法的优点在于考虑问题全面，是一种系统思维，而且可以把对问题的"诊断"和"开处方"紧密结合在一起，条理清楚，便于检验。

行业分析工具——波特五力模型如图 2-2 所示。

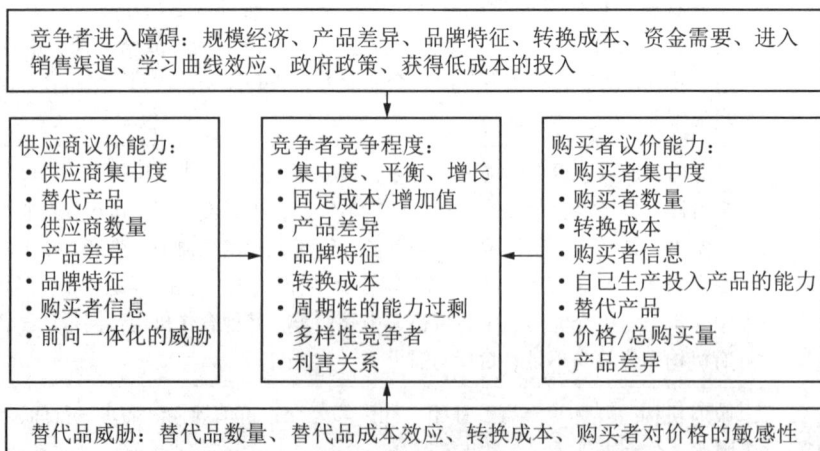

图 2-2 波特五力模型

（二）构建 SWOT 矩阵

将调查得出的各种因素根据轻重缓急或影响程度高低等排序方式，构建 SWOT 矩阵（图 2-3）。在此过程中，将那些对公司发展有直接的、重要的、大量的、迫切的、久远的影响因素优先排列出来，而将那些间接

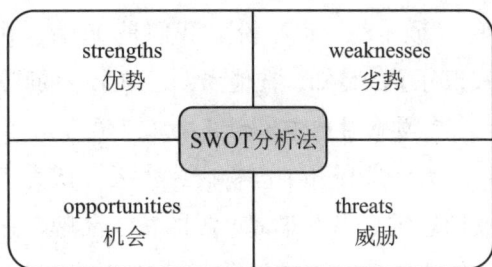

图 2-3　SWOT 矩阵

的、次要的、少许的、不急的、短暂的影响因素排列在后面。

（三）制订行动计划

在完成环境因素的分析和 SWOT 矩阵的构建后，便可以制订相应的行动计划。制订计划的基本思路是：发挥优势因素，克服劣势因素，利用机会因素，化解威胁因素。考虑过去，立足当前，着眼未来。运用系统的综合分析方法，将排列与考虑的各种环境因素相互匹配加以组合，得出一系列公司未来发展可选择的对策。

三、运用 SWOT 进行实例分析

（一）背景介绍——北京大学研究生的常德津市牛肉粉店

创业之初，张天一既是老板，有时又客串大厨。客人们大多不知道他是北京大学的硕士研究生。

"吃圆的，还是吃扁的？"张天一推了推鼻梁上的黑框眼镜，一边舀粉下锅，一边用带着"牛肉粉味"的"常德腔"，和老乡打招呼。在寸土寸金的北京环球金融中心的一个 40 平方米的门店里，24 岁的来自湖南省常德市的小伙、北京大学法学院即将毕业的硕士研究生张天一开了一家常德津市牛肉粉店，和他一起创业的三个小伙伴有的是硕士、MBA，还有的是前公务员。职业前景光鲜的北京大学高材生，为何会选择开牛肉粉店？

1."硕士粉"开在京城繁华处

守着一锅牛肉、牛骨汤熬到凌晨两三点，次日一早再搭地铁首班车进店，烧水、煮米粉、招呼客人……还有 3 个月就要毕业离校，这就是张天一现在每天的生活。

在北京环球金融中心 M 楼，旁边就是"高大上"的大厦，周围不乏高端环球食肆，你很难想象，这里会有一家在湖南省街头常见的牛肉粉店。记者在张天一发来的照片中看到，这家开在高档写字楼里的牛肉粉店和街头店很不一样，店堂敞亮，墙漆沙发色彩鲜明，更像一家西式快餐厅。更不一样的是它的海报及招

牌:"硕士粉,良心粉""我们是90后,在北京环球金融中心,为自己上班。用知识分子的良知,在他乡,还原家乡的味道"。

2. 曾回常德市遍尝百店拜师学艺

为何选择开牛肉粉店,张天一认为,一是自己有乡土优势,二是借鉴了互联网思维。眼下非常火爆的餐饮品牌,正是用互联网思维运作而风生水起。这给了张天一很大的启发,但在实地吃过100元一碗的牛腩饭和十几元钱的煎饼果子后,他却发现,前两者运用所谓的互联网思维,只是通过加强营销提高了顾客的期待,并没有在实质上改善顾客的体验,顾客还需要为营销成本付高额账单。

曾在读本科时就开过两家餐馆的张天一,最终决定选择家乡人人爱吃的牛肉粉。为了筹备开店,他回到常德市,走街串巷地吃遍了常德市的百余家米粉店,最后他选了一家口味最正宗的米粉店拜师学艺,确定配方。后来回到北京市,他几乎走遍了北京市,最终决定把牛肉粉店开在环球金融中心。此时,他已经搭上了自己所有的积蓄。

(二)实际分析

1. 运用SWOT分析法找出张天一现在所处的明确位置

张天一的案例的SWOT分析如图2-4所示:

strengths(优势)	weaknesses(劣势)
1. 具备本科时开店的经验 2. 对市场有一定了解 3. 常德牛肉粉是传统美食,有一定名气及特色 4. 创业者是牛肉粉制作高手	资金不够充裕
opportunities(机会)	threats(威胁)
1. 周围没有同类餐饮店 2. 地理位置优越,有大量潜在客户群	1. 竞争对手较多 2. 店面相对小 3. 经营项目单一

图2-4 SWOT分析

2. 对张天一在决策和经营上的意见和建议

根据SWOT战略组合,可以从以下四个方面进行分析。

(1)SO(优势机会)。自身主观条件方面,凭借自身的工作经验、管理能力和对市场的了解，张天一可以开常德牛肉粉店。客观条件方面，牛肉粉店地理位置优越，有大量高素质白领客户，可发展稳定客户群。

（2）ST（优势威胁）。竞争对手多，店面不大，经营项目单一，必须培育稳定客流，并在条件允许的情况下积极开发新品。

（3）WO（劣势机会）。资金是其最大的劣势，需要和竞争对手争夺客流。

（4）WT（劣势威胁）。针对资金劣势，必须采取措施，开业期间薄利多销，快速回笼资金，以免现金流发生断裂。

💡 课堂活动2-2

1. 主题：项目SWOT分析。

2. 目标：让学生学会运用SWOT分析法进行分析。

3. 建议时间：10分钟。

4. 材料准备：无。

5. 活动步骤：

第一步：学生或者老师提出2～3个创业项目；

第二步：对创业项目进行SWOT分析；

第三步：老师总结、评价。

6. 总结评价：学生在活动中能切实运用并掌握对创业项目的分析方法，并对创业项目有客观清醒的认识。

项目 4 建立创业团队

学习目标

1. 认识创业团队，掌握创业团队的组建原则。
2. 认识创业团队的成员特质及合理的搭配。
3. 了解创业团队组建流程，掌握创业团队组建的方法。

导入案例

王兴和他的创业团队

出生于1979年的王兴，很早就开始创业了。大学毕业几年后，他就开始和同学一块儿创业，创业一年，便推出了校内网；后来他又创办了饭否网——这是中国最早的社群交流网站之一；2010年，他创办了美团网。

在创办美团网之前，王兴有很多次不同的尝试，但他的创业团队却始终如一。可以说，正是王兴和他的团队打造了美团网。

王兴在创业路上留下了许多遗憾，没有获得十分圆满的结局。但正是这些失败引领着王兴走上通往成功的道路，比如：

校内网之前的近10个项目都失败了，因为方向不对。

校内网，团队没问题，方向没问题，就是缺钱。

海内网，不缺钱，方向没问题，团队也没问题，但产品不行。

美团网，不缺钱，方向没问题，团队没问题，产品也好。

所以，美团网做起来了。

从校内网到美团网，王兴早期的创业伙伴们一直都在，现在他们都是美团网的骨干力量。有人问王兴："你们能在美团网重聚的原因是什么？"王兴说了4个字："契约精神"。

其实对一个年轻的创业者来说，他选择合伙人的范围并不大，通常就是同学或者同事。在团队扩张的过程中，这种由纯粹的个人关系建起的纽带会逐渐淡化，维系团队的纽带会逐渐演变成明确的游戏规则，以及共同的理念、价值观和梦想。合伙人碰到分歧时该怎么解决，就是确立公司治理结构的重要依据，大家"愿赌服输"。什么事情由谁决定，归根结底由CEO决定，这就是游戏规则，大家得认。

（资料来源：李志刚：《九败一胜：美团创始人王兴创业十年》，有改动）

分析问题：

1. 你认为王兴团队的稳定性是否是他成功的主要原因？为什么？
2. 如果你是一个创业者，那么你理想中的创业团队是什么样的？

任务1 认识创业团队

一、创业团队的作用

每一个伟大企业的背后，必然有一个伟大的创业团队。有一项针对104家高新技术企业的研究报告指出，在年销售额达到3000万元以上的高成长企业中，约有83.3%是以团队形式建立的，而在另外73家停止经营的企业中，仅有约53.8%有多位创始人。这一模式在一项研究中表现得更为明显：100家创立时间较短、销售额高于平均数几倍的企业中，约70%有多位创始人。

二、影响创业团队组建的关键因素

创业团队组建受到很多因素的影响（图2-5），这些因素相互作用，共同影响着创业团队组建的过程，并进一步影响着创业团队建成后的运行效率。

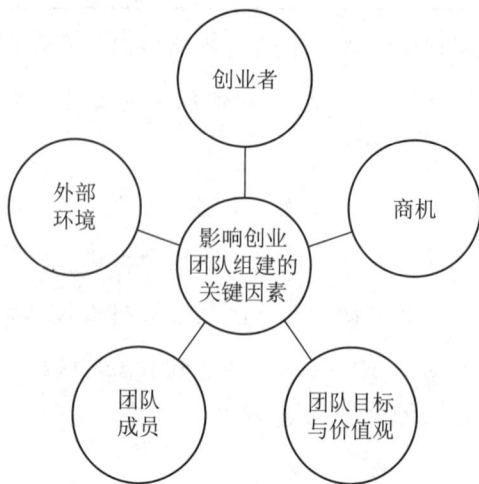

图 2-5 影响创业团队组建的关键因素

（一）创业者

创业者的能力和思想意识从根本上决定了是否要组建创业团队、创业团队组建的时间表、由哪些人组成创业团队。创业者只有在意识到组建创业团队可以弥补自身能力与创业目标之间存在的差距，才有可能考虑是否需要组建创业团队，以及对什么时候需要引进什么样的人员才能和自己形成互补作出准确判断。

（二）商机

是否要组建创业团队，以及如何组建创业团队，需要根据创业者与商机间的匹配程度来决定。如果没有合适的商机，创业团队也就很难组建成功。

（三）团队目标与价值观

统一的目标、共同的价值观是组建创业团队的前提。创业团队成员若不认可团队目标，就不可能全心全意为此目标的实现而与其他创业团队成员相互合作、共同奋斗。而不同的价值观将直接导致创业团队成员在创业过程中脱离创业团队，进而削弱创业团队作用的发挥。没有一致的目标和共同的价值观，创业团队即使组建起来，也无法有效发挥协同作用，缺乏战斗力。

（四）团队成员

创业团队成员能力的总和决定了创业团队的整体能力和发展潜力。创业团队成员的才能互补是组建创业团队的必要条件，而创业团队成员间的互信是形成创业团队的基础。互信的缺乏将直接导致创业团队成员间协作障碍的出现。

（五）外部环境

创业团队的生存和发展直接受到了制度性环境、基础设施服务、经济环境、社会环境、市场环境、资源环境等多种外部要素的影响。这些外部环境要素从宏观上间接地影响着创业者对创业团队组建类型的需求。

三、团队成员的选择

建立优势互补的创业团队是保持创业团队稳定性的关键，也是规避和降低创业团队组建模式风险的有效手段。在创业团队创建初期，人数不宜过多，能满足基本的需求即可。在创业团队成员选择上，要综合考虑创业团队成员在能力和技术上的互补性，基本保证具备理想团队所需的几种角色。而且，创业团队成员的能力和技术水平应该处于同一等级，不宜差异过大。如果创业团队成员在对项目的理解能力、表达能力、执行能力、社会资源能力、思维创新能力等方面存在较大的差异，就会产生严重的沟通和执行障碍。

此外，在选择创业团队成员时还要考虑创业激情的影响。在企业初创期，所有的创业团队成员每天都需要超负荷工作，如果缺乏创业激情和对事业的信心，不管其专业水平多高，都可能成为团队中的消极因素，对其他创业团队成员产生致命的负面影响。

课堂活动2-3

1. 主题：组团竞赛。

2. 目标：让学生学会挑选合适的团队成员。

3. 建议时间：30分钟。

4. 材料准备：无。

5.活动步骤：

第一步：由老师指定 4 名学生上台，或学生自告奋勇当队长；

第二步：上台的同学选出自己的队员（每队人数相等，以 3 ～ 5 人为宜）；

第三步：进行包括拔河、智力抢答、绑腿跑等多项不同类型的活动；

第四步：优胜队伍和落败队伍的队长分别阐述自己选人的成功经验和失败教训。

6.总结评价：学生谈谈对团队和团队合作的认识，并思考成员选择的技巧。

任务2 组建创业团队

一、团队组建原则

"凡事预则立，不预则废。"在组建创业团队之前，需要先明确团队的组建原则，以免在组建过程中走弯路。

（一）目标明确合理原则

目标必须是明确、合理、切实可行的，这样才能使团队成员清楚地认识到共同的奋斗方向，并真正达到激励团队成员的目的。

（二）互补原则

团队成员相互间在知识、技能、经验等方面实现互补，并通过相互协作发挥出"1+1 > 2"的协同效应。

（三）精简高效原则

为了减少创业期的运作成本，最大比例地分享成果，创业团队人员应在保证企业高效运作的前提下尽量精简。

（四）动态开放原则

创业过程充满了不确定性，在组建创业团队时，应注意保持团队的动态性和开放性，使最适合的人员能被吸纳到创业团队中来。

二、创业团队的类型

创业团队分领袖型、伙伴型、核心型三种类型。

（一）领袖型

这种创业团队中一般有一个核心主导人物充当领军的角色。这种创业团队在形成之前，一般是核心主导人物有了创业的想法，然后根据自己的设想进行创业团队的组织。因此，在创业团队形成之前，核心主导人物已经就创业团队组成进

像选择伴侣一样选择创业伙伴

行过仔细思考，并根据自己的想法选择相应的人员加入创业团队，这些加入创业团队的成员也许是核心主导人物以前熟悉的人，也有可能是不熟悉的人，但其他的成员在企业中更多的时候是支持者角色。

（二）伙伴型

伙伴型创业团队的成员一般在创业之前都有密切的关系，比如同学、亲友、同事、朋友等。一般都是在交往过程中，这些成员共同认可某一创业想法，并就创业达成了共识以后，开始共同创业。在创业团队组成时，没有明确的核心人物，大家根据各自的特点进行自发的组织角色定位。因此，在企业初创时期，各位成员基本上扮演的都是协作者或者伙伴的角色。

（三）核心型

核心型创业团队是由伙伴型创业团队演化而来的，基本上是前两种的中间形态。在这种团队中，有一个核心成员，但是该核心成员地位的确立是团队成员协商的结果，因此核心成员从某种意义上来说是整个团队的代言人，而不是主导型人物，其在团队中的行为必须充分考虑其他团队成员的意见，不像领袖型创业团队中的核心主导人物那样有权威。

💡 **课堂活动2-4**

1. 主题：辩论——与好友"组团"的利与弊。

2. 目标：让学生能运用辩证思维，在一定程度上掌握团队组建技巧。

3. 建议时间：10分钟。

4. 材料准备：无。

5. 活动步骤：

第一步：学生按照观点分为两组；

第二步：辩论与好友"组团"的利与弊；

第三步：老师总结点评。

6. 总结评价：学生通过活动能更加客观地看待创业团队组建，避免让感情色彩影响团队组建。

项目 5 开展市场调查

💡 **学习目标**

1. 了解市场调查对创业的作用。
2. 掌握市场调查问卷设计方法及市场调查报告写法。
3. 掌握分析调查结果的方法。

导入案例

在新的创业道路上勇往直前

曾国磊是四川工商学院电子信息工程学院的一名学生。他是个始终走在创业路上的人，即使多次创业失败，他也没有打消创业的念头。成功总是留给有准备的人，如今的曾国磊正在新的创业道路上勇往直前。

一、连续失败

在大一的一次社团活动中，曾国磊发现了创业路上的第一个商机——校园文化衫订制。但好景不长，由于缺乏管理和市场拓展经验，文化衫业务做得并不好，为了及时止损，他不得不放弃了这个商机。

然而他并没有放弃创业，他选择了教育培训行业再次创业。但由于半路出家，欠缺核心竞争力，机构内部随着效益下滑也逐渐出现了很多问题，第二次创业也以失败告终。

两次的创业失败不但没有消磨掉曾国磊的自信心，反而让他更坚定了创业的决心。"我当时想，反正我还年轻，经历几次创业的失败和挫折是好事，我还有再来的时间和资本"。

二、再次起航

一次家庭聚餐上，曾国磊在聊天中发现野鸡的养殖和水果蔬菜的销售与配送有发展空间，本就对农业感兴趣的他便留了个心。后来，他调查了四川省眉山市东坡区范围内的野鸡市场和水果蔬菜市场的情况，又认真地做了走访和信息收集工作，他觉得可以试一试。

之前的走访和信息收集让曾国磊与一部分商家建立了联系，这些商家帮助他迈出了第一步，于是第一家店成功开业了。"我们开第一家店时是摸索着前行，没有师父带，就去其他水果店、菜市场跟前辈们学习取经，这个过程中，我们犯了很多错误，也及时作了调整。"

曾国磊经过2个月的时间开设了4家连锁店。因为搞配送需要联系好上家（果蔬提供者）与下家（果蔬购买者），曾国磊就跑遍了周围的果蔬种植基地，问遍了各大小商家。

在配送中他发现，客户最关心的是价格、服务和质量，为了让客户以更低的价格拿到自己配送的果蔬，曾国磊不惜降低自己的利润，甚至不赚钱。他认为，只有让客户觉得赚到了，自己才会赚到。

在果蔬配送服务上，曾国磊要求每一单配送都要保质保量完成，要到仓库门口、店门口、家门口。这样严格的要求逐渐得到了客户们的认可，订单也越来越多。

三、步入正轨

经历半年多的磨砺，曾国磊在第三次创业的路上走得更顺了。创业小有成就的曾国磊并没有就此满足，而是看到了互联网带来的巨大效益。为此，曾国磊一边忙着店里的配送工作，一边了解着互联网的相关信息。

对于未来，他有着自己的打算。曾国磊说："要扩大规模就要更多的资金支持，只要资金到位，我计划用两年左右的时间，让配送服务范围扩大到整个眉山市，并通过互联网向其他城市发展。"胸有成竹的他对未来充满期待。

分析问题：

1. 你认为曾国磊前两次创业失败是否与缺乏充分的市场调查有关？

2. 在曾国磊后来的创业过程中，他调查了四川省眉山市东坡区范围内的野鸡市场和水果蔬菜市场的情况，认真地做了走访和信息收集工作，这对他的创业有什么帮助？

任务 1　认识市场调查

一、市场调查

　　市场调查是运用科学的方法系统地搜集、记录、整理和分析有关市场的信息资料，从而了解市场发展变化的现状和趋势，为企业经营决策、广告策划、广告写作提供科学的依据。

　　市场调查必须是系统的、科学的。如果只是零碎的数据，就无法为了解市场提供帮助，而如果没有科学的方法，我们得到的将会是没有参考价值的数据。

　　创业者需要在指导思想上坚持从系统的观点出发，把影响企业发展、广告策划的各种因素视为一个有机的系统，注重研究各种因素之间的内在联系，从因素的相互作用中把握市场需求的变化趋势及运行规律。

　　市场调查的科学性表现在两方面：一是态度方面，市场调查对市场状况进行分析和判断，不能凭借个人经验或主观猜测，而是要凭借调查手段，在大量材料的基础上得出结论；二是职能方面，市场调查是企业发展的主要环节。通过市场调查，可以了解市场供求的实际情况，总结企业经营计划执行中的经验，找出存在的问题，以便企业克服缺点，改善经营管理。从此角度看，市场调查是管理观念从经验管理走向科学管理的重要标志。市场调查也是广告策划、广告定位的科学手段。在正式制作广告之前，广告制作者必须对下列问题在心目中有一个清晰的轮廓：产品情况、社会经济状况、社会文化特点、社会心理、消费者的心理特点、消费观念等，只有在此基础上创作的广告，才具有针对性，才能获得良好的效果，而要掌握相关材料，必须依赖于市场调查。

二、市场调查的方法

　　市场调查的方法分为观察法和问卷法两类。

　　（一）观察法

　　观察法是指通过直接观察取得第一手资料的一种调查方法。市场调查人员直接到商店、订货会、展销会、消费者比较集中的场所，借助照相机、录音机或直接用笔录的方式，身临其境地进行观察记录，从而获得重要的市场信息资料。

观察法的优点是可以客观地收集资料和集中地了解问题。其不足之处在于许多问题不能被观察到，如被调查者的兴趣、偏好、心理感受、购买动机、态度、看法等。

（二）问卷法

问卷法是指通过设计问卷的方式向被调查者了解市场情况的一种调查方法。按照问卷发放的途径不同，可分为当面调查、通信调查、电话调查、留置调查四种。

（1）当面调查即调查者亲自登门调查，按事先设计好的问卷，有顺序地依次发问，让被调查者回答。

（2）通信调查是将调查表或问卷邮寄给被调查者，由被调查者填妥后寄还。这种调查的缺点是问卷的回收率较低。

（3）电话调查是指按照事先设计好的问卷，通过电话向被调查者询问或征求意见。其优点是取得信息快，节省时间，回答率较高；其缺点是询问时间较短。

（4）留置调查指调查者将问卷或调查表当面交给被调查者，由被调查者事后自行填写，再由调查者约定时间收回。这种方法可以留给被调查者充分的独立思考时间，可避免受调查者倾向性意见的影响，从而减少误差，提高调查质量。

调查方法以问卷法为主，问卷和调查表的设计是其中的重点内容。

课堂活动2-5

1. 主题：课堂市场调查。

2. 目标：让学生认识市场调查及其作用。

3. 建议时间：10分钟。

4. 材料准备：无。

5. 活动步骤：

第一步：老师"聘请"学生为某饮料企业市场部策划人员；

第二步：请学生就口味、价格等方面进行讨论，初步拟定调查内容；

第三步：老师总结、评价。

6. 总结评价：学生在活动中认识市场调查，并了解其内容与作用。

任务 2 设计调查问卷

一、调查问卷的结构

一份比较完善的调查问卷通常由以下四个部分构成。

（一）被调查者的基本情况

被调查者的基本情况包括被调查者的年龄、性别、文化程度、职业、住址、家庭人均月收入等。

（二）调查内容本身

调查内容本身是指所调查的具体项目，它是问卷的最重要的组成部分。

（三）调查问卷说明

调查问卷说明的内容主要包括填表目的和要求、注意事项、交表时间等。

（四）编号

有些问卷需要编号，以便分类归档，汇总统计。

二、调查问卷的设计

（一）调查问卷设计流程

1. 准备阶段

在准备阶段，必须确定调查主题的范围和调查项目，并且分析调查对象的各种特征，另外还应充分征求各类有关人员的意见。

2. 初步设计

标明每项资料需要采用何种方式提问，并尽量详尽地列出各种问答题。对问答题进行检查、筛选、编排，设计每个项目，对提出的每个问答题都要考虑是否必要。考虑问卷是否需要编码，是否要向被调查者说明调查的目的、要求和基本注意事项。

3. 试答和修改

初步设计出来的问卷通常存在一些问题，故需在小范围内进行试验性调查，以便弄清问卷初稿中存在的问题，了解被调查者是否乐意回答和能否回答所有的问题等。

4. 定稿发放

将修改以后并且得到各方认可的问卷作为最终文本，按照调查工作的需要打印、复制或者上传，制成正式问卷。

（二）调查问卷设计标准

1. 能够提供创业者所需的市场信息

调查问卷的主要作用是提供管理或决策所需的信息，任何不能提供管理或决策所需的信息的问卷都应被放弃或修改。如果我们认为问卷难以提供相关信息，那么就应当继续修改问卷，直至达到目的。

2. 具备可实施性

一份问卷应该简洁、有趣、具有逻辑性，并且表述明确。尽管一份问卷可能是在办公室或会议室里制作出来的，但它都要能够在各种情景和环境条件下实施。

3. 满足编辑和数据处理的需要

简而言之，一份问卷必须具有以下功能：①它必须完成所有的调查目标，以满足经营的信息需要；②它必须以可以理解的语言与被调查者沟通，并获得被调查者的合作；③对调查者来讲，它必须易于管理，方便地记录下被调查者的回答；④它还必须有利于方便快捷地编辑和检查完成的问卷，并容易进行编码和数据输入。

💡 课堂活动2-6

1. 主题：现场调查。

2. 目标：让学生了解市场调查问卷的设计技巧。

3. 建议时间：10分钟。

4. 材料准备：市场调查问卷初稿。

5. 活动步骤：

第一步：老师展示市场调查问卷初稿；

第二步：学生回答市场调查问卷中的内容；

第三步：老师总结、评价。

6. 总结评价：学生在活动中了解不同的市场调查问卷设计对消费者心理以及调查结果的影响。

任务3 撰写市场调查报告

市场调查报告是根据市场调查内容，最后呈现并供企业经营决策者参考的一种文书。有了相关的市场调查资料，就可以写出市场调查报告。

市场调查是很重要、也很实用的方法，调查者不仅可以从中知道市场的状况，更重要的是进行过市场调查后的企业能对合作伙伴或者投资人产生很大的说服力。

一、市场调查报告的结构

市场调查报告一般包括标题、前言、正文、结尾四个部分。

（1）标题通常有单行标题与双行标题两种，写法多样，但均需要在标题中反映出调查对象与内容，如《关于北京市 20×× 年应届本科生就业率的调查报告》。

（2）前言交代写作目的或动机、调查背景、调查基本情况等内容，但是写法上没有强制性要求，可根据需要进行选择。

（3）正文是市场调查报告的主体部分，包括调查情况与调查者的观点。内容应当具有逻辑性，一般主要包括调查基本情况、前景预测、措施建议等内容。

（4）结尾为市场调查报告重申观点或深化认识的部分，也是对前言的照应，如果正文中已经提出建议，内容已经完整，这一部分就可以省略。

二、市场调查报告的写法

市场调查报告的写法有以下四点：

（1）实事求是。从上文中我们可以得知市场调查报告准确性的重要意义，因而撰写者最好是参与调查的人员，引用的数据要尽量翔实可靠。

（2）注意观点与材料的统一。市场调查报告绝不是调查材料的简单堆砌，而是观点与材料相互支持统一的实用性文书。

（3）精心选材，突出重点。市场调查的内容较为广泛，即使市场调查的目的定得很小，也会有较为丰富的资料，因而写作者一定要懂得依据主旨取舍材料，突出重点。

（4）正确把握问题的性质和表达方式。市场调查报告是一种实用性文书，应偏重于选用比较全面系统、客观的数据和完整的叙述来说明问题，并且运用议论的表达方式提出措施建议。

💡 课堂活动2-7

1. 主题：讨论市场调查报告。

2. 目标：让学生初步了解如何利用市场调查报告。

3. 建议时间：10 分钟。

4. 材料准备：无。

5. 活动步骤：

第一步：老师展示市场调查报告；

第二步：请学生就产品设计、定价、销售等方面展开讨论；

第三步：老师总结、评价。

6. 总结评价：学生在活动中了解市场调查报告对于创业企业的作用，并能较好地利用市场调查报告进行营销等活动。

项目6 构建商业模式

学习目标

1. 认识商业模式。
2. 了解商业模式的类型。
3. 掌握利用商业模式画布设计商业模式的方法。

导入案例

家政的新商业模式

一名创业的大学生开拓出了一种叫作"小管家"的新型家政商业模式。凭借这个模式,他仅在北京的一个社区的年收入就超过了170万元。面对我国汹涌而来的社区经济,"小管家"铺就的是一条成功的道路。

张松江,出生于1978年,北京人,如今是新理念保洁服务有限公司的总经理,公司注册的商标为"小管家"。尽管人们还都把他的公司称为"家政公司",但在张松江看来,他的"小管家"从开始就已经与传统的家政公司大不相同。在极短的时间内,"离经叛道"使得"小管家"由穷困潦倒转向获取巨额利润,并因此搭建起一个面向未来的商业集团。

但对于传统的家政行业来说,"小管家"创业出师不利。张松江大学毕业后,便与3个朋友商量,决定一起创业。他在报纸上看到一则知名保洁公司招加盟商的广告,便与朋友一同加盟了,虽然经营情况很不好,屡次碰壁,但张松江渐渐明白了保洁行业到底是怎么一回事。

失望的张松江被报纸上一则广告吸引了——北京SOHO现代城推出了可移动墙壁的房屋。所有的开发商都把墙壁做成"死的",他们却做成"活的",他们的生意也就活了。要想有利润就得有别人没有的东西,就得把大家都认为是不能改变的固定思维模式打破。思维的闸门一旦打开，张松江就再也抑制不住自己了。他想到了由户外转向户内。虽然户内保洁也有人做，但是当时的户内保洁太没有特色了。像北京 SOHO 现代城这样的高档社区，肯定需要一种更高档次的服务。知名企业走遍全球，就是凭借其严格的操作规程与标准，对于保洁来说，凭借的也是严格的操作规程与标准。因此，要做好保洁工作，应对卧室、卫生间、厨房等不同性质的房屋进行分类，然后确定不同的服务标准。进一步完善方案后，他鼓起勇气找到了北京 SOHO 现代城某物业公司的经理。那位将近50岁、有着丰富经验的物业经理被眼前的年轻人打动了。他说："每天来这里要求做我们的保洁业务的人多了，但是没有一个人能够提出你这样的想法。这里的活，我交给你了。"

张松江便带着员工在北京 SOHO 现代城的地下室里开始了新的旅程，通过与员工对一间间房屋、一个个细节部分的实践、记录与推敲，张松江总结出了自己的一套针对不同房间的工作程序和工作标准，在技术上也取得了飞跃。以地板打蜡为例，他将擦玻璃的方法运用到了擦地板上，且在工具、方法上都作了重大改进。他们擦地板比传统的打蜡法多花一倍的时间，但是效果却让人感觉比传统打蜡法的效果高出几个档次。就这样，张松江第一个月就赚到了3万元。靠着自己的坚毅和勤奋，他一步步地接近了自己的目标，实现了飞跃。

分析问题：

1. 张松江第一次创业为什么失败了？
2. 案例中商业模式的改进对你有什么启示？

任务1 认识商业模式

一、什么是商业模式

商业模式最早出现于20世纪50年代，但直到20世纪90年代才开始被广泛使用和传播。如今虽然这一名词出现的频率极高，但关于它的定义仍然没有一个权威的版本。总体上说，商业模式以价值创造为核心，重点描述企业如何创造价值、传递价值和获取价值的基本原理。

二、商业模式的重要性

商业模式是一个逻辑系统，该逻辑性主要表现在层层递进的三个层面，即价值发现、价值匹配和价值获取。

价值发现是明确价值创造的来源，是对机会识别的延伸；价值匹配是明确合作伙伴，实现价值创造，为了获得先发优势并最大限度地控制机会开发的风险，几乎所有的新企业都要与其他企业形成合作关系；价值获取是制订竞争策略，占有创新价值。总体而言，价值发现、价值匹配、价值获取是有效商业模式的三个逻辑性原则，新企业只有认真遵循这三个原则，才能真正开发出同时为顾客、企业以及合作伙伴创造经济价值的商业模式。

商业模式是创业者开发有效创意的重要环节，是新企业盈利的核心逻辑。许多创业企业的成功，并不是因为技术创新性有多强，而是因为开发出了一套切实可行的商业模式。

三、商业模式的分类

不同领域的企业会根据自身的特征选择不同类型的商业模式，而即使是同一领域的企业要想创新，都会选择和制订出一个和他人不尽相同的商业模式，以使企业更好地盈利和发展。虽然现今商业模式的种类十分多样，但是仍然可以将这些繁复的商业模式大致归为两大类。

（一）运营性商业模式

运营性商业模式创造企业的核心优势、能力、关系和知识，它主要包含以下两方面：

（1）产业价值链定位。企业处于怎样的产业链条中，企业在这个链条中又处于何种地位，企业结合自身的资源条件和发展战略应如何定位。

（2）赢利模式设计（收入来源、收入分配）。企业从哪里获得收入，获得收入的形式有哪几种，这些收入以何种形式和比例在产业链中分配，以及企业是否对这种分配有话语权。

你应该知道的两种商业模式

（二）策略性商业模式

策略性商业模式则是对运营性商业模式加以扩展和利用的一种商业模式。策略性商业模式涉及企业生产经营的方方面面，主要包含以下几个方面：

（1）业务模式。企业向客户提供什么样的价值和利益，包括品牌、产品等。

（2）渠道模式。企业如何向客户传递业务和价值，包括渠道倍增、集中和压缩等。

（3）组织模式。企业如何建立先进的管理控制模型，比如建立面向客户的组织结构，通过企业信息系统构建数字化组织等。

小米手机的商业模式就属于策略性商业模式，有异于传统手机制造商。目前手机生产商的商业模式都是靠销售手机赚钱，包括苹果、三星以及国内的华为、联想等，小米手机则把手机本身的价格降得更低、配置做得更高，以小米手机作为载体，收集、扩大并绑定用户，通过互联网应用与服务盈利，共同成就一个前所未有的软件、硬件、互联网"铁人三项"公司。

四、典型的商业模式

商业模式是企业发展的利器，能够使企业运营简单化、标准化和快速复制化。快速地找到适合自己商业模式的办法，就是研究不同行业、不同企业、不同类型的成功的商业模式，取人之长，为己所用。下面是几种典型的商业模式。

（一）专业化模式

专业化模式就是专精一门，专门从事某一种产品的生产或从事某一项专业服务，以产品工艺上的精益求精或服务上的专业高效取胜的商业模式。专业化的生产或服务，其组织形式比复合式生产简单，管理也相对容易。因此，专业化模式可降低成本，从而使利润大幅度提高。同时由于其从业门槛较高，其他竞争者难以挤入，通常情况下，专业化模式容易形成对市场的独占或几个行业寡头同台竞争的局面，行业间比较容易协调，从业者比较容易形成相互保护的默契，有利于保持较高的行业平均利润。

典型案例 2-1

"90后"女孩创业获得成功

尚晓英，一个从国家级贫困县——河南省洛阳市汝阳县农村走出来的女孩儿。父母均有残疾，生活艰难，2013年，尚晓英和姐姐同时考上大学，尚晓英被华北水利水电大学数学与信息科学学院录取，为减轻家庭负担，高考后第二天，姐妹俩就开始打工，3个月赚够了一年的学费和生活费。

大一寒假，尚晓英通过假期工校园兼职代理的介绍，到江苏省昆山市一家电子厂打工。大一暑假，头脑灵活的她已经成了假期工校园兼职代理。"处处留心总没错。"尚晓英自己做过假期工，了解其中的各个流程，用她的话说，因为自己"多操了那么一点儿心"，就从打工者变成了代理。通过与专业劳务公司联络，尚晓英获取了不少可靠的劳务信息。大一暑假和大二寒假，她招募并带领100多名学生到江苏省、福建省的电子厂打工，共挣了9万元。这是她人生中的第一桶金，也成了她之后创业的启动资金。

除了招募假期工，尚晓英还自己找商家谈兼职，介绍同学去兼职。除了做劳务中介，她还做过旅游、服装租赁等业务，认识了很多商家，积累了不少资源。"创业之前，我做过很多行业的工作，创业初期的合作客户是之前资源的沉淀。"尚晓英说。

后来，尚晓英和男友注册了公司，真正开始创业。"最初的业务就是整合之前涉足的一系列工作。为大学生做好服务，是我们的初衷。"一次，尚晓英的团队接到了一份英语课程软件的推广工作，通过这次合作，他们又接触到了河南省郑州市另外两家做金融类和服务类软件的公司，帮助他们做软件推广。

在调动各高校的学生资源方面，尚晓英有做高校社团工作的经验，便决定联合各高校社团。"很多高校社团的经费都比较紧张，我就与他们联合做推广，给他们提供赞助。这也为我们将来在各个高校设立代理点奠定了基础。"

积累了几次成功的经验后，尚晓英决定把创业团队的主要业务放在地推上。不久，尚晓英带领的创业团队获得了可观的净利润。公司业务也从最初的河南省内扩展到了河南省外。

分析问题：

1. 尚晓英做推广的商业模式是一种典型的中介模式，你认为这种模式有什么特点？

2. 你觉得大学生适合这种模式吗？大学生做类似的创业项目有什么优势和劣势？

（二）独创产品模式

独创产品模式就是具有非同一般的生产工艺、配方、原料、核心技术，又有长期市场需求的产品的商业模式。鉴于该模式的独占性原则，掌握它的企业将获得相当高的利润。比如祖传秘方、研发难度很大的新产品等。独创产品模式是很多创业企业在创业之初可以大力借鉴的模式，"独创"的魅力是其能带来高额的利润。

独创产品模式并不是万能的，它往往需要较多的研发费用和较长的研发时间才能研发出具有独创性的产品，同时，独创产品模式也面临知识产权容易被侵犯的风险。另外，独创产品也意味着市场认知度不高，打开市场、获取市场认同需要更多的资本、精力投入。为了避免上述局限性可能带来的风险，使用独创产品模式创业时要注意以下要点：

（1）提高专利意识，积极寻求国家有关部门对产品知识产权的保护。

（2）进行周期性的产品更新，提高技术门槛，使后来者难以进入。

（3）使企业和产品更加人性化，增强消费者黏性。

（三）策略跟进模式

策略跟进模式是一种以盈利为目的，以市场为依托，追随战略先行者而实施的商业模式。

在马拉松比赛中，经常可以看到运动员会形成"第一方阵"和"第二方阵"。一个有趣的现象是：最后取得冠军的往往是开始位居"第二方阵"的运动员。因为"第二方阵"的运动员在大部分赛程中都处于"跟跑"的位置，所以可以清楚地看见"第一方阵"的运动员的一举一动，并根据其变化很好地把握赛程，调整自己的节奏。另一方面，作为"第二方阵"的运动员，他们所承受的心理压力也相对较小，又因为一直处于引弓待射、蓄而不发的状态，积蓄的体能有利于在最后冲刺阶段爆发。所以，"第二方阵"中的运动员获得冠军并非偶然。策略跟进模式之所以能成为一种商业模式运用于创业，同马拉松比赛中位居"第二方阵"的运动员能够胜出的道理是一样的。

在创业成长的道路上，瞄准一个目标，紧跟其后，时刻关注对方的一举一动，学习对方的长处，寻找其弱点，等待时机成熟一举超越，是策略跟进模式的本质。策略跟进模式需要经营者对自己作出正确评估，对跟进对象充分了解研究，并分析清楚自己的优势、劣势之后，才能知己知彼，对未来走向作出正确决策。科学的策略跟进应该是在跟进中创新，在创新中跟进，实现科学的战略组合，在实施过程中趋利避害，求得效益的最大化。

市场有领导者，自然就有跟随者。跟随者也常常能取得好成绩，因为它们始终在确定自己的超越目标。当然，大多数跟随者往往在跟随中因实力不济而成为被淘汰的对象。研究跟随与领导的变迁，我们会发现跟随需要技巧，需要把握住跟随的节奏，同时蓄积超越他人的力量，这样才能在长期竞争中处于领跑的位置。

（四）中介模式

中介模式是一种作为中介的企业通过吸引供应商和消费群的关注，为他们提供沟通渠道或交易平台，以从中获取不断升值的利润的商业模式。这种模式要求很高，前期的投入成本很大，风险也很高。

对于这种模式来说，参与交易的供应商和客户越多，这个平台就越有价值。

商业模式的构建

随着交易量的增加，通信成本和交易成本都将进一步降低，以至即使平台对每一笔交易只是少量收费，也是有利可图的。

作为构成该模式核心的企业应该尽力维护这个平台的形象，避免害群之马的闯入（如伪劣商品），并尽可能争取更多名牌厂商的参与，以提升整个平台的声誉，进而再吸引更有价值的客户。该领域最忌诚信缺失，一旦发生失信事件，应想方设法消除影响、挽回损失，否则将会尝到"多米诺骨牌"式的恶果。此外，对参与者的服务也很重要。

（五）产品金字塔模式

为了满足不同客户对产品风格、颜色等方面的不同偏好，以及个人收入上的差异化因素，从而达到客户群和市场拥有量的最大化，一些企业不断推出高、中、低各个档次的产品，从而形成产品金字塔。

马特尔公司是世界著名的芭比娃娃生产商。该公司推出芭比娃娃后要面临各种各样的模仿者，经常遇到的尴尬局面是该公司刚推出一个单价为20美元～30美元的芭比娃娃，模仿者马上就制造出单价为15美元的仿制品。为了彻底扭转这种被动局面，该公司推出了价格仅为10美元的芭比娃娃。这款单价10美元的芭比娃娃进入市场后，立即吸引了女孩们的目光，这一招对于模仿者显然是致命的，市场上的仿造品很快就消失了。

马特尔公司也会寻找其他获利的商品。经过努力，他们看准了单价为100美元～200美元的芭比娃娃的市场机会。价格高昂的芭比娃娃的目标客户不再是女孩们，而是女孩们的妈妈。这些妈妈们是玩着芭比娃娃长大的，现在她们都拥有了自己可以支配的金钱，愿意给自己买上一个精心设计的芭比娃娃——精良的工艺和独特的设计，唤起自己对过去美好年华的回忆。

这种芭比娃娃已经不单纯是玩具，而是一件收藏品，就像瓷器、茶壶或珍贵的邮票一样，爱好者情愿花大价钱购买。这既给客户带来了极大的满足感，又给马特尔公司带来了丰厚的利润。

构建金字塔不仅是不同价位产品的简单罗列。一个真正的金字塔是一个系统，其中较低价位的产品的生产和销售，将为企业赢得市场和消费者的注意。对于拥有完善产品线的企业来说，其竞争对手根本不必指望可以依靠更低的价格抢走市场份额。

（六）战略领先模式

如果创业者的企业研发出新的产品或者在某一技术方面具有特殊之处，那么企业在起步时就具有竞争优势，处于领先地位。但起步领先不代表永远领先，不能确保永远赢利，因为马上就会有后来者参与激烈的竞争。所以创业者要适时改变竞争策略，实现由静态到动态的飞跃，可以确保创业者从起步时的领先过渡到战略上的领跑，使创业者的利润源源不断。

对于创业者来说，开创第一虽然是件好事，但领先永远只是暂时的。京御坊食品的创始人李守亮的第一个项目在因有后来者参与激烈的竞争而无利可图。所以在进行第二个项目的操作时，他一改传统的生产销售模式，并且用最短的时间找准市场定位，为加盟者提供免费加盟、免费培训服务，使得产品推广速度迅猛提升，并且迅速抢占了市场，这对于紧随而来的跟风者意味着进入门槛的提高。虽然李守亮前期收到的回报并不高，但是他的利润是持续的，因为每个加盟者都在使用他提供的产品。

成功的商业模式非常一样而又非常不一样。非常一样的是创新性地将内部资源、外部环境、盈利模式与经营机制等有机结合，不断提升自身的盈利性、协调性、价值、风险控制能力、持续发展能力与行业地位等。非常不一样的是在一定条件、一定环境下的成功具有个性，不能简单地拷贝或复制，而且必须通过不断修正才能保持企业持久的生命力。借鉴基础上的创新永远是商业模式中商业智慧的核心价值。

课堂活动2-8

1. 主题：商业模式认知与探讨。
2. 目标：学生认识商业模式及在创业中的作用。
3. 建议时间：15分钟。
4. 材料准备："饿了么"创始人专访视频。
5. 活动步骤：
第一步：学生观看"饿了么"创始人的专访视频；
第二步：学生就"饿了么"的商业模式进行讨论；
第三步：老师点评。
6. 总结评价：学生对企业发展历程有所了解，学会思考商业模式的作用及建立方法。

任务2　设计商业模式

对于创业项目、初创企业，如何快速地找出赚钱"路线"，商业模式画布是一个不错的方法。

一、商业模式画布的九大要素

如果要画一幅画，首先要勾勒出草图。在创业活动中，商业模式画布就如同创业的草图，要将商业模式设计过程中所要关注的点一一列出来并进行分析，然后找出每个点最切合企业实际的具体实施办法。这样，一套完整的商业模式就设计完成了（图2-6）。我们需要考虑新业务如何开展以及怎样盈利，如何制订核心战略、构建合作网络、建立顾客关系、培育和配置独特资源以及形成价值创造等，并将它们反映到商业计划书中。

商业画布
案例

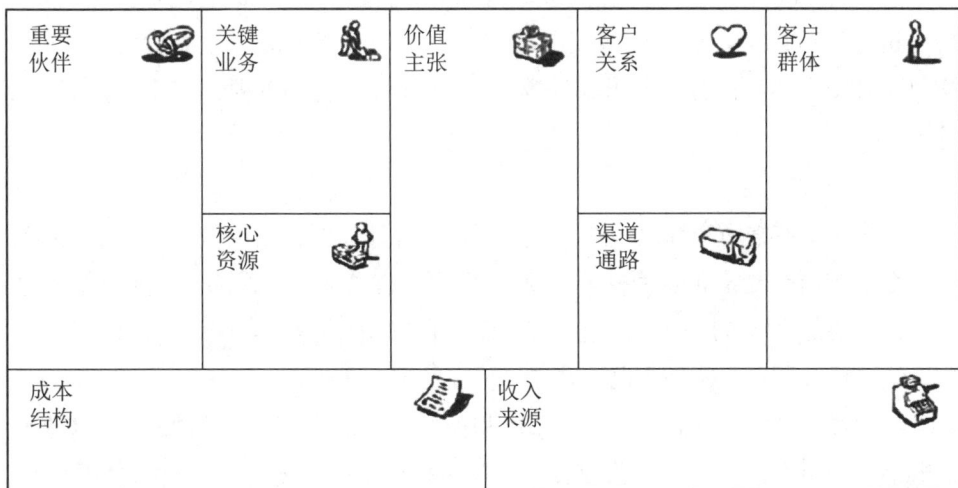

图 2-6　商业模式画布

商业模式设计中需要关注的关键点有九个，这些被称为商业设计的九要素。下面，我们就用商业模式画布来描述企业商业模式的九要素，并根据它对企业组织结构、流程和系统进行规划和设计。

商业模式画布直观地展示了商业模式的九要素，接下来对商业模式画布中的九个要素进行详细描述。

（一）客户群体

客户群体是企业赖以生存的基础，没有付费客户，任何企业都无法长期生存。每个企业都服务于一个或多个不同的客户群体。

有些企业同时为付费客户和免费客户提供服务。很多知名网站的大多数客户是免费客户，无须支付任何费用即可享受其服务。如果没有数以亿计的免费客户，该网站也就失去了吸引广告商和市场研究人员的优势。因此，对某些商业模式来说，免费客户的存在起着至关重要的作用。

（二）价值主张

价值主张可以视为企业为客户群体提供的产品或服务利益。是否具备提供优质价值服务的能力是决定客户选择某个企业的重要原因。

（三）渠道通路

渠道通路通常用来描绘企业如何沟通、接触其客户群体而传递其价值服务。沟通、分销和销售这些渠道构成了企业相对客户的接口界面。渠道通路是客户的接触点，它在客户体验中扮演着重要角色。

渠道通路可以发挥以下作用：创建对服务或产品的市场意识，帮助潜在客户评估产品或服务，促成客户采购，向客户交付价值和保证售后满意度。常见的渠道通路有以下几种：面谈或电话沟通，现场或店内沟通，实物交付，电子交付（社交媒体、博客、电子邮件等），传统媒体交付（电视、广播、报纸等），等等。

（四）客户关系

客户关系通常用来描绘企业与特定客户群体建立的关系类型。企业必须明确与每个客户群体建立的关系类型，是个性化、自动化，还是自助式服务，是单次交易，还是订购式服务。企业还应当明确客户关系的基本目标，是为了吸引客户、维持现有客户，还是从现有客户群体中挖掘更多收入。

早期移动网络运营商的客户关系由积极的客户获取策略所驱动，包括免费移动电话。当市场饱和后，运营商转而聚焦客户保留以及提升单客户的平均收入。商业模式所要求的客户关系深刻地影响着全面的客户体验。

（五）收入来源

收入来源通常用来描绘公司从每个客户群体中获取的现金收入（需要从创收中扣除成本）。如果客户是商业模式的心脏，那么收入来源就是动脉。每个收入来源的定价机制可能不同，例如：固定标价、谈判议价、拍卖定价、市场定价、数量定价或收益管理定价等。

一个商业模式通常包含两种不同类型的收入来源：一是通过客户一次性支付获得的交易收入；二是针对产品、服务、售后维修或支持等项目的连续性收费。获取收入的方式主要有：一次性出售、租赁费用、服务或使用费、订购费、注册费、中介费、广告费、经纪费、授权费等。

（六）核心资源

核心资源通常用来描绘让商业模式有效运转所必需的重要因素。每个商业模式都需要核心资源，这些资源使得企业组织能够创造和提供价值服务、接触市场、与客户群体建立关系并赚取收入。不同的商业模式所需要的核心资源也有所不同，核心资源可以是人力资源、实体资产、知识资产或金融资产。核心资源可以是自有的，也可以是公司租借的，或是从重要的合作伙伴那里获得的。

（七）关键业务

关键业务是企业为了确保其商业模式可行而必须做的最重要的事情。任何商业模式都需要多种关键业务，这些业务是企业得以成功运营所必须实施的重要动作。正如核心资源一样，关键业务也是创造和提供价值服务、接触市场、与客户群体建立关系并赚取收入的基础。关键业务也会因商业模式的不同而有所区别。例如，对于软件制造商而言，其关键业务包括软件开发；对于电脑制造商来说，其关键业务则包括供应链管理；对于咨询管理企业，其关键业务包括问题求解等。关键业务通常包含以下三类：制造产品、问题解决、平台或网络。

（八）重要伙伴

重要伙伴是让商业模式有效运作所需的供应商与合作伙伴的网络，是保证商业模式有效运行的人际关系。一个企业不可能拥有全部资源，不可能独立完成每个细节的工作。例如，有些业务需要使用昂贵的设备或特定的专业技能，因此大部分企业会把薪金管理等工作外包给一些专业公司来负责。

重要合作关系通常有以下四种类型：

（1）在非竞争者之间的战略联盟关系。

（2）在竞争者之间的战略合作关系。

（3）为开发新业务而构建的合资关系。

（4）为确保可靠供应的购买方——供应商关系。

（九）成本结构

获得核心资源，实施关键业务，展开重要合作，这些都会让企业产生成本，成本结构则是运营一个商业模式所引发的所有成本。这些成本在确定核心资源、关键业务与重要合作后一般可以相对容易地计算出来，由此，公司的成本结构也就大致明晰了。

二、商业模式设计思路

设计好的商业模式需回答以下九类问题，只有回答好了这九类问题，我们的商业模式才算设计成功。

（一）客户群体问题

（1）我们正在为谁创造价值？

（2）谁是我们最重要的客户？

（二）价值主张问题

（1）我们该向客户传递什么样的价值主张？

（2）我们正在帮助客户解决哪一类难题？

（3）我们正在满足哪些客户需求？

（4）我们正在提供给客户群体哪些系列的产品和服务？

（三）渠道通路问题

（1）通过哪些渠道可以解除我们的客户群体？

（2）我们现在如何接触他们？我们的渠道如何整合？

（3）哪些渠道最有效？哪些渠道成本效益最好？

（4）如何把我们的渠道与客户的例行程序进行整合？

（四）客户关系问题

（1）我们每个客户群体希望我们与之建立和保持何种关系？

（2）哪些关系我们已经建立了？

（3）这些关系的成本如何？

（4）如何把他们与商业模式的其余部分进行整合？

（五）收入来源问题

（1）什么样的价值能让客户愿意付费？

（2）他们现在付费买什么？

（3）他们是如何支付费用的？

（4）他们更愿意如何支付费用？

（5）每个收入来源占总收入的比例是多少？

（六）核心资源问题

（1）我们的价值主张需要什么样的核心资源？

（2）我们的渠道通路需要什么样的核心资源？

（七）关键业务问题

（1）我们的价值主张需要什么样的关键业务？

（2）我们的渠道通路需要什么样的关键业务？

（八）重要伙伴问题

（1）谁是我们的重要伙伴？

（2）谁是我们的重要供应商？

（3）我们正在从重要伙伴那里获得哪些核心资源？

（4）合作伙伴都执行哪些关键业务？

（九）成本结构问题

（1）什么是我们商业模式中最重要的固有成本？

（2）哪些核心资源花费最多？

（3）哪些关键业务花费最多？

课堂活动2-9

1.主题：认识和分析腾讯QQ的商业模式。

2.目标：学生初步学会分析商业模式中的各个要素。

3.建议时间：10分钟。

4.材料准备：商业模式画布，便利贴若干。

5.活动步骤：

第一步：学生分9组，讨论后在便利贴上写下各项商业模式的要素；

第二步：学生将各要素贴在商业模式画布上，陈述理由，老师点评。

6.总结评价：学生通过活动能够认识和了解真实的商业模式建立和运作，建立对商业模式与商业模式设计的直观认识。

第三部分

试水
——模拟创业

经历了精心而充足的筹备，我们现在便可以开始"牛刀小试"，建立并运行我们的虚拟企业了。

第三部分"试水"告诉我们如何建立企业。我们在这一部分中将要学习制作商业计划书，了解如何为企业进行工商登记注册。

本部分课程内容适合已经对创业有较好了解的同学。通过学习，同学们将学会如何建立自己的企业，并合理分配企业的股权。

项目 7　编制商业计划书

💡 学习目标

1. 了解商业计划书的用途。
2. 了解商业计划书的格式和撰写要求，掌握商业计划书的撰写方法。
3. 掌握商业计划书的演示方法。

📦 导入案例

"针灸之家"项目脱颖而出

湖南中医药大学针灸推拿学院的大三学生吴云云和5位小伙伴共同创办的"针灸之家"经过层层选拔，从100多个项目中脱颖而出，顺利入驻学校"创业街"。

一、创业基因将点亮职业生涯

一大早，陈爷爷又来到"针灸之家"找吴云云拔火罐。他说很喜欢"针灸之家"的氛围，包括吴云云在内的6位"95后"小中医都是针灸推拿专业的学生，他们服务热情，让人感觉"很温暖"。

尽管开业时间还很短，但吴云云告诉记者，目前"针灸之家"已集聚了一批像陈爷爷这样的"忠粉"。刚开业时，大家又高兴又担心，毕竟大家没有临床经验，怕得不到顾客认可。为此，他们相互当"小白鼠"，找穴位、练手感。

合伙人黎苗苗说，这里更像是一个实战平台，能促使大家把书本知识内化成过硬的技术。如今，6人都通过了保健按摩师职业资格考试，遇顾客登门，也颇为自信。

除了针灸推拿业务，"针灸之家"还有多项经营业务。

　　项目指导老师、湖南中医药大学针灸推拿学院顾星教授认为，"针灸之家"将来完全可以发展成一个"流动诊所"，为众多"中风后遗症"患者提供上门服务。顾星还特别强调，大学生创业教育的根本目标不是"企业家速成"，而是将创业意识、创业能力和创业心理品质内化为创业者的内在基因，"有了这些内在基因，即便将来他们不创业，也将终身受益"。

　　二、大学生创业须与专业结合

　　湖南中医药大学创新创业就业学院范崇源老师介绍，在对所有项目进行评审时，特别强调要与专业相结合。"把专业知识与创业意识结合起来，才有利于形成富有竞争力的创业项目。学习理论知识虽然没有在实践中获得的经验多，但足以支撑起大家创业项目的思路。"范崇源认为，以专业技术为支撑，在自己熟悉的领域内创业，既是大学生创业的优势，同时也有助于大学生借助优势规避风险。

　　三、创业教育，给舞台也给压力

　　"创业教育，光给舞台不给压力，创新创业就会流于一场秀。"湖南中医药大学相关负责人说，创业教育不能只是"纸上谈兵"，他们以后将依托"创业街"营造浓厚的创业创新氛围，进一步激发大学生的创业意识，促进大学生的创业能力和就业观念的提升。

分析问题：

1. 你认为"针灸之家"项目有什么优势？

2. 对依托创业者自身专业的创业项目你有什么看法？

任务1　认识商业计划书

　　如果把创业比作船，那么商业计划书就是帆，它能借来强劲的东风，让我们的创业之舟乘风破浪，更快、更顺利地到达成功的彼岸。

一、什么是商业计划书

　　简单来说，商业计划书是一份可行性商业报告，是一部关于企业过去、现在和未来的完整描述，其内容涵盖一个健康企业的各个方面，而且是一份准确的定量分析。在商业计划书中创业者必须向投资者阐明投资本企业的利益和风险所在。目的是向潜在投资者、风险投资公司、合作伙伴等游说以取得合作支持或风险投资。商业计划书通常是各项职能如市场营销计划、生产和销售计划、财务计划、人力资源计划等的集成，同时也是提出创业的前三年内所有中期和短期决策制度的方针。

如果有了一份详尽的商业计划书，就好像有了一份业务发展的指示图，它会时刻提醒创业者应该注意什么问题，规避什么风险，最大限度地帮助创业者获得来自外界的帮助。

初创企业的商业计划书，也可以称作创业计划书。商业计划书是大多数创业企业融资时必备的敲门砖，好的商业计划书会为企业融资顺利铺路。从某种意义上说，商业计划书就是一份创意的推销说明书，它不仅能说明企业的技术优势、市场潜力和企业的发展规划，而且也是创业者的思维方式的反映，是风险投资家特别看重的一份文件。

二、商业计划书的作用

商业计划书的作用表现在三个方面：

（一）达到企业融资的目的

商业计划书是企业争取融资投资的敲门砖。投资者每天会收到很多商业计划书，商业计划书的质量和专业性就成为企业争取融资投资的关键点。创业者在争取获得风险投资之初，应该将商业计划书的制订列为头等大事。

（二）全面了解自己的企业

通过制订商业计划书，创业者会对企业的各个方面有一个全面的了解。这可以更好地帮助创业者分析目标客户、规划市场范畴、形成定价策略，并对竞争性的环境作出界定，以助力业务开展成功。商业计划书的制订保证了企业方方面面能够协调一致。同样的，在制订商业计划书的过程中企业往往能够发现竞争优势，或是发现商业计划书本身所蕴藏的新机遇或不足。写好商业计划书可提高创业者管理企业的能力。创业者也可以集中精力，抢在情况恶化之前应对商业计划书中出现的任何偏差。同样，创业者将有足够的时间为未来做打算，做到防患于未然。

（三）向合作伙伴展示自己

制订商业计划书，也可以为业务合作伙伴和其他相关机构提供信息，寻求与扩大战略合作伙伴，以使企业更加充满活力，达到多方的共同发展。

三、商业计划书的结构和内容

各种商业计划书的结构和内容大同小异。一般来说，一份可行而简洁的商业计划书应包括以下九个方面的内容（图3-1）。

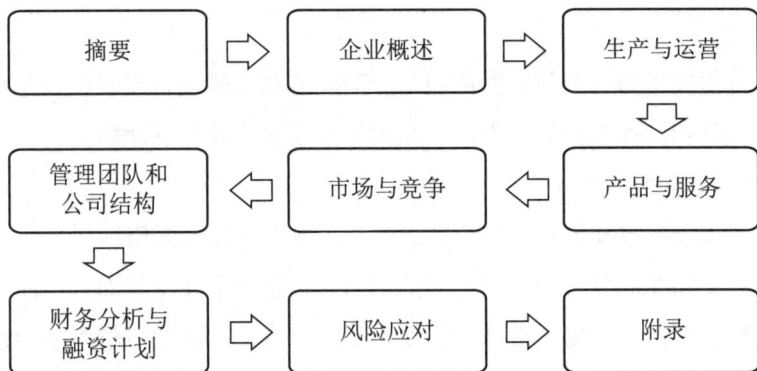

图 3-1　商业计划书的九个内容

（一）摘要

摘要要涵盖商业计划书的要点，以求一目了然，以便读者能在最短的时间内进行评审并作出判断，在15秒内引起投资者兴趣，吸引投资者继续阅读商业计划书的余下部分。摘要一般包括公司介绍、管理者及其组织构成、主要产品和业务范围、市场概貌、营销策略、销售计划、生产管理计划及财务计划和资金需求状况等。它浓缩了商业计划书的精华，反映了商业计划书的全貌，是商业计划书的核心所在。摘要需要以一句话说明商业模式、客户价值、市场、管理层技能、融资要求，以及投资回报前景。

好的商业计划书要靠摘要打动人心，让投资者愿意接着往下看，并说服他们相信你的产品、相信你的市场分析、相信你的技术，以及相信你的想法。好的摘要给人的第一印象就是"这是一个有钱可赚的投资项目"。

撰写商业计划书的常见问题

撰写摘要应注意的事项：

（1）摘要一定要放在最后完成。应在提炼出整个商业计划书的精华之后，再开始动笔撰写摘要。

（2）撰写摘要一定要有针对性。不同的行业有不同的兴趣和侧重点。

（3）摘要应简洁紧凑、富有感染力。要抓住商业计划书中最重要、最精彩、最为投资者关注的部分，选择精炼考究的词汇和表达方式，以简练的手法勾画出一幅诱人的图景以感染投资者。

（4）摘要的内容要与后面的具体描述相符。摘要的内容不能与后面的具体描述相互矛盾。

（5）在写作全部完成之后，一定要检查有无错别字。

（二）企业概述

企业概述即介绍企业过去的发展历史、现在的情况，以及未来的规划。

（三）生产与运营

商业计划书中的生产与运营应包括产品制造和技术设备现状，新产品投产计划，技术提升和设备更新的要求，以及质量控制和质量改进计划。

（四）产品与服务

产品与服务即盈利模式，换言之，就是企业将靠什么去赚钱。

创业者要在此部分对产品作详细的说明，包括以下几个方面：产品或服务的概念、名称、特性、用途、价格；主要产品的介绍；产品的市场竞争力；产品的研究和开发过程；发展新产品的计划和成本分析；产品的市场前景预测；产品的品牌和专利，等等。

例如：说明产品和服务涉及的一些法规方面的要求，以及说明已经获得或者将要获得的各种许可证。

（五）市场与竞争

市场与竞争应包括需求预测、市场现状综述、竞争厂商概览、目标顾客和目标市场以及本企业产品的市场地位概述。同时，此部分也应介绍营销与广告策略、市场机构和营销渠道的选择、营销队伍的管理及价格决策。另外，还应对市场规模提供具体数据，如客户数量、单位销售额、总销售额等。

（六）管理团队和公司结构

在商业计划书中，必须要对主要管理人员加以介绍，介绍他们具有的能力，他们在本企业中的职务和责任，他们过去的详细经历及背景。此外还应对公司结构作简要介绍，包括以下几个方面：公司的组织机构图；各部门的功能与责任；各部门负责人及主要成员；公司的报酬体系；公司的股东名单，包括认股权、比例和特权；公司的董事会成员；董事会成员的背景资料，等等。

（七）财务分析与融资计划

财务分析的重点是资产负债表、利润表和现金流量表的制备，以及拟定融资计划。具体内容包括以下几个方面。

（1）经营业绩预测。预测未来的销售量、销售额、利润、成本及费用支出、融资及投资的方向和额度等。

（2）财务报表。在经营预测的基础上编制未来 3～5 年的资产负债表、利润表和现金流量表。

（3）对财务报表进行分析。给出关键财务指标数据，如销售利润率、资产负债率、投资回报率、盈亏平衡点等。

（4）融资说明。选择准备说服的投资者，说明融资的额度以及融资的方式和条件、融资后的股权结构、选择投资回报的方式和预计回报的额度、设计投资者推出投资的渠道。

（5）投资说明。说明资金使用的项目、额度预算以及资金使用的控制和监督机制。

（八）风险应对

创业者必须充分考虑公司在市场、竞争和技术方面都有哪些基本的风险以及准备怎样应对这些风险。

（1）风险识别。分析创业过程中可能出现的风险的种类和风险产生的原因。

（2）风险分析。分析各类风险出现的可能性和出现后造成的影响的大小。

（3）风险应对。制订防范分类风险的措施和风险出现后的应对措施。

（九）附录

附录包括附件、附表等内容。

（1）附件。附件包括营业执照复印件、董事会名单及简历、主要经营团队名单及简历、专业术语说明、专利证书、生产许可证、鉴定证书、注册商标、简报及报道、企业形象设计、宣传资料、场地租用证明、产品市场成长预测图等。

（2）附表。附表包括主要产品目录、主要客户名单、供货商及经销商名单、市场调查表、各种财务报表及财务预估表等。

商业计划书的内容框架见表 3-1。

表 3-1　商业计划书的内容框架

构　成		内　容	作　用
封　面		商业计划书的名称、组织名称、核心人员、撰写时间、商业计划书适用时间段等	商业计划书的名片
摘　要		商业计划书的主要内容概述	商业计划书的精髓
目　录		商业计划书提纲	结构框架
前　言		创业的背景、目的、方法、意义等方面的说明	背景与过程
主 体	商机及产品介绍	顾客需求、市场规模；产品（包括服务）定义、产品功能、技术含量、产品创新、顾客价值、竞争优势	展示商机及把握商机的载体
	环境分析	宏观环境、行业与市场环境、企业内部环境、竞争环境	适应创业环境
	综合分析	关键成功要素和 SWOT 综合分析	环境分析的结论
	企业战略	企业使命、发展战略、竞争战略、核心竞争力	企业发展整体方略
	营销策略	STP 战略、品牌策划、营销重点	营销的整体部署
	营销组合	产品策略、价格策略、渠道策略及促销策略	营销的具体策略
	生产/服务	产品研发、原料供应、生产技术和流程、生产条件要求及其现状，服务体系的建设	生产水平、服务水平和能力
	经营管理	业务流程、组织结构、人力资源管理、创业团队展示	企业内部运行方式
	财务管理	经营业绩预测、财务报表及其分析、融资（额度、对象、方式、回报、退出）、投资（资金使用、监管）	公司资金资源运作方式
	风险管理	风险预测、风险分析、风险防范	预测和防范风险
项目启动计划		人员安排、资金设备计划、时间计划、地点选择	创业启动安排
附　件		数据资料、问卷样本及其他背景材料	提高可信度

全国挑战杯
获奖计划书

扩展阅读 3-1

"6C" 理论

一份好的商业计划书能帮助创业者迈向成功，并起到事半功倍的效果。判断商业计划书的优劣，可以依据"6C"理论。"6C"理论是指成功的商业计划书必须经得起 6 个关键词的反复拷问、反复检验、反复论证，才是一份能付诸实施、经得起实践检验的商业计划书。

第一个 C 是 "concept"——概念。概念是指在商业计划书中的产品（服务）概念要清晰，表述要准确，让别人一看就明白企业要卖的产品或提供的服务是什么。

第二个 C 是 "customers"——顾客。顾客即产品（服务）的使用对象是谁。顾客的范围划分要明确，顾客在哪里要很明了。细分顾客有助于准确定位市场。创业者可以从年龄、收入、喜好、地区、习俗等各个方面对顾客进行分类，并找出适合的顾客群。

第三个 C 是 "competitors"——竞争者。明确同类产品（服务）的市场供应现状，有没有其他类似的产品（服务）可以替代，这些竞争者的实力如何，自己的竞争力何在。

第四个 C 是 "capabilities"——能力。提供产品（服务）之前，首先要问自己会不会、懂不懂。俗话说要"懂行""没有金刚钻，不揽瓷器活"。如果不会甄别玉石真伪与等级而贸然做玉石生意，风险就会很大。

第五个 C 是 "capital"——资本。资本可以是现金，也可以是机器设备、经营场地等。资本在哪里，有多少，自有的成分有多少，可以借贷的有多少，要很清楚地一一列出。

第六个 C 是 "continuation"——持续经营。明确创业步入正轨后，企业后续的计划是什么。创业艰难，守业更难，没有长远打算的企业，其生命周期会大打折扣。

商业计划书成功与否并不在于格式的完美、言辞的优美、行文的流畅。因为如果仅限于此，仅停留于此，那么只能算是一篇好文章。一篇成功的商业计划书应该是务实的、严谨的、可行的，计划是要用来执行的，而不是投到杂志、报纸上发表的。首先，只有理清"6C"在商业计划书中是否得到严格落实，才能判定商业计划书是否合格；其次，要让自己信服，才能使商业计划书具备使他人认同的说服力；最后，商业计划书的内容应针对不同递交的对象而有所侧重，送交银行的商业计划书，肯定要与送交投资伙伴的有所不同。

典型案例 3-1

"青伴出行"大学生旅游服务项目商业计划书

项目单位:"青伴出行"旅游科技有限公司

地址:××××××

电话:×××××××××××

电子邮件:×××@×××.com

联系人:×××

保密协议:

鉴于商业计划的保密性质,如没有得到本公司的允许,请不要擅自将商业计划书内容向第三方泄露,否则,公司将寻求法律帮助。

一、摘要

公司主要的产品及服务是大学生旅游服务"青伴出行"App 及其相关线下服务。公司已服务南方、北方各 1 个城市共 4 所大学的 6 000 多名学生,其中收费用户超过 300 人,App 日活跃用户数量可达 800 人以上,已完成业务闭环并初步验证了商业可行性。

二、企业概述

公司的业务是主要针对各大高校有消费能力的大学生开展的,并根据大学生的实际消费能力进行设计和客源开发。本着"特色服务,以人为本""创造终身价值"的理念,力求提供最优秀的服务,获取收益。公司的短期目标是在两个重点地区开展服务。长期目标是开发全国市场,构筑全国服务网络,成为大学生旅游服务的首选平台,成为倡导大学生生活文化,促进大学生自身发展和交流的大型平台。

现今我国经济快速发展,居民消费水平显著提高,消费心理和消费习惯逐渐改变,人们的消费逐渐由单纯物质消费,转向以服务消费为主的时期。

旅游业作为"无烟工业",随着中国人均生活水平的提高,旅游收入和旅游人数都保持了较高的年增长率。经验表明,在人均 GDP 达约 6 500 元时,社会达到小康水平,旅游的大众化、普通化便开始迅猛发展。根据最新的统计数据显示,中国人均 GDP 已经超过 6 500 美元,旅游热潮正在兴起。

数据显示,2019 年中国在线旅游市场交易规模突破 1 万亿元,用户规模突破 4 亿人,在线旅游市场交易规模约 10 059 亿元,年增长率为 14.96%。

作为站在时代潮头的大学生，消费观念开放，思维先进，对于参与社会、享受自然和生活的热情也日趋高涨，大学生在旅游方面的消费需求也日益增强。

"读万卷书，行万里路"，古人游学给我们留下了深刻的印象，大学生现在也应该行万里路，在实践中锻炼自己，享受生活，感悟人生。为此，我们公司针对这一情况，推出了特色旅游服务。我们所推出的并不是传统的观光旅游服务，而是一种"文化之旅"，是使大学生在旅游中享受生活和自然的同时，通过发挥自己的能力，获得自身素质、思维、感悟的提升，给大学生的前途发展打下基础，为大学生的人生留下美好的回忆。

公司将通过一系列的服务和活动，并与教育部门联合，为大学生提供旅游服务，为大学生的业余生活提供更加广阔的平台，让大学生能终身受益。

三、业务与产品

"青伴出行"主要包括以下版块。

（一）超低价出游

大学生用户极其看重产品的价格。"青伴出行"App 将设置各类玩法，充分利用各地青年旅舍资源和低价航班，以超低价吸引大学生用户选购旅游产品。

（二）路线推介

利用游记大数据和各地学生实地采集低价出行路线，为大学生推介最佳出行路线。

（三）推荐游记

通过图文并茂的优秀游记，吸引学生常态性浏览，并促成客户下单。

（略）

四、市场分析

（一）行业市场

旅游市场有巨大的发展空间。一方面，旅游业作为国家的支柱产业之一，有国家政策的大力支持，在相当长的时期内，旅游业都会呈现快速发展的状况。另一方面，由于人民生活水平不断提高，人们的空闲时间也多了起来，现代人的生活观念也发生了变化。当收入有了保障的情况下，外出旅游享受生活就成为人们生活中不可缺少的一部分。旅游需求的大量增加，必然导致旅游业的迅速发展，而且随着社会的发展，旅游业也会更加个性化和多样化。

（二）市场细分

旅游市场主要针对有一定消费能力的中高收入群体。

按职业细分，大学生的旅游消费市场迅速扩大。由于大学生在社会的特殊性，导致大学生具有特殊的消费习惯和消费需求。问卷调查显示，大学生可支配收入在 800～1 200 元。可见，大学生具有一定的消费能力。

（略）

（三）推广策略

在细分市场有一定竞争者，应采用差异化战略，以确保市场占有率。

（略）

五、市场竞争

（一）核心竞争力

（略）

（二）盈利模式

通过 App 引流至各大旅游公司网站及线下本地旅行社，获取差价盈利。同时通过 App 投放各类旅游相关产品广告获取收益。

（三）竞争对手分析

（略）

六、管理团队

核心创业团队由 3 人组成。柳 × 为前知名旅行网高级运营经理，负责整体项目推进和产品运营；李 ×× 为学生会副主席，负责市场推广（联络就业中心与地推人员管理）；匡 ×× 为计算机系软件工程研究生，负责产品开发。

七、财务分析

（一）营收预测

单个 App 用户可实现 6 元左右的利润。在半年内达到两个重点城市全覆盖、用户量达到 150 万时，按 8%～10% 的转化率，可实现利润为 650～800 万元（含广告收益）。

（略）

（二）财务报表分析

（略）

八、风险应对

（略）

九、附录

（略）

课堂活动3-1

1. 主题：认识某互联网公司的商业计划书。

2. 目标：使学生认识商业计划书，并学会分析其优缺点。

3. 建议时间：10分钟。

4. 材料准备：某互联网公司的商业计划书（电子稿）。

5. 活动步骤：

第一步：老师展示和讲解某互联网公司的商业计划书；

第二步：学生以投资人的眼光审视，投票判别是否值得投资；

第三步：老师公布互联网公司名称，以及此份商业计划书是否赢得投资，并作出点评。

6. 总结评价：学生通过换位思考，尝试作出自己的判断，并初步了解投资人喜欢何种商业计划书。

任务2 撰写与演示商业计划书

一、商业计划书的撰写技巧

商业计划书的撰写技巧有很多，撰写一份投资者最喜欢看的商业计划书不是容易的事情，我们首先要从形式入手，其次要写好内容。

（一）商业计划书的形式

融资的第一步应该是准备完善的商业计划书，有助于创业者与潜在投资者建立联系。如果现在已经瞄准了一个行业，并且知道了谁会对自己的商业计划书感兴趣，接下来要做的就是联系他们。此时，创业者手上必须要有一份关于自己公司的执行摘要，主要内容应该包括：这个商业机会的要点（做什么）、市场细分（客户是谁），以及为什么会成功（相对于竞争对手，自己有什么优势）。执行摘要通常是个简要的文件，不包括任何保密内容，可以通过电子邮件发给潜在投资者。

商业计划书应具备的十大要素（图3-2）：

一、能否点出令人眼睛一亮的商机或创意？	商机介绍及其分析
二、能够清楚简明界定提供的产品或服务？	产品或服务介绍
三、能否证明市场具有广泛性和持久性？	市场分析和预测
四、能否证明产品技术有足够的优势且已足够成熟？	技术分析和展示
五、能否证明生产运作切实可行？	生产运作管理
六、能否证明本团队执行本计划胜算足够大？	团队分析与营销策划
七、能否证明商业模式确实可行且不易被模仿？	核心竞争力分析和构建
八、能否证明财务运作具有可行性？	财务分析和管理
九、能否保证公司运作具有可持续性？	企业战略及经营管理
十、能否让百忙中的投资者一目了然，迅速抓住重点？	商业计划书的摘要和布局

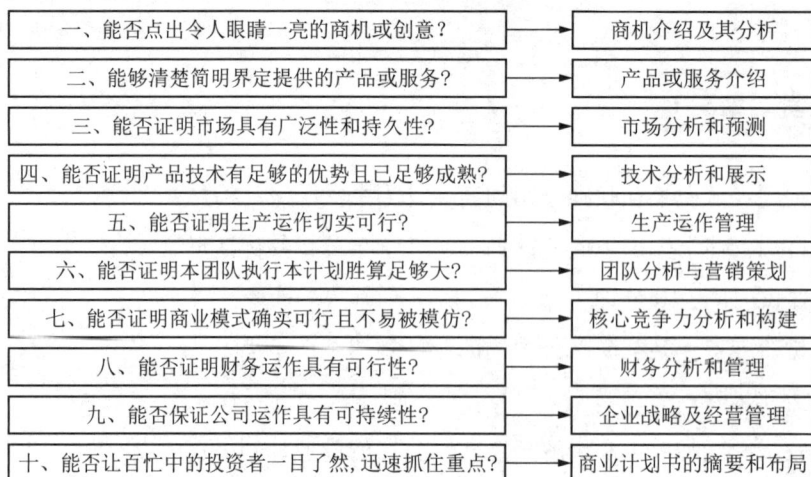

图 3-2 商业计划书应具备的十大要素

（二）商业计划书的内容

撰写投资者最喜欢的商业计划书应把握"4W+2H"原则。

1. What——讲清楚要做什么

突出专注，不要追求大而全，产业链不要太长。

目前商业巨头明显要做的项目或已经有几家公司在竞争且已获得较好融资的项目不要做。

2. Why Now——行业背景、市场现状

说明你在正确的时间做正确的事，而且市场空间大。

尽量列出与竞争对手的对比分析，表明当前的商业机会。

3. How——如何做

讲清楚商业模式实现的具体方案（包括产品的研发、生产、市场、销售策略等）。

建议产品规划和创业步伐要小步快走，要阶段性验证、调整产品思路和商业模式。

4. Who——团队

讲清楚团队的股份和分工（团队要合理分工，要介绍团队主要成员的背景和特长）。

强调个人的能力适合该岗位，团队的组合适合该创业项目。

5. Why You——优势

讲清楚项目和团队优势。

6. How Much——财务预测与融资计划

表明融资计划，需要多少资金，准备稀释多少股份。

资金需求一般做一年的规划，稀释的股份要少于30%。

（三）商业计划书撰写要点和注意事项

（1）尽量简洁，但要呈现投资者想知道的所有要点。

（2）少用描述性语言，多提要点和关键词。

（3）不要夸张，不要不切实际地幻想。

（4）善用数据，数字最有说服力。

（5）突出重点，摘要要提纲挈领，图标胜于文字，标题重点胜于段落文字，首尾一致，互相呼应。

（6）结构要有条理，有逻辑，环境分析必须为战略决策和策略决策提供依据，防止资料堆砌，硬凑篇幅；策略决策要尽可能有数据支撑；策略决策及职能管理必须以企业战略为导向，防止两者脱节；团队之间必须互相沟通、配合工作。

（7）如果商业计划书引起了一位投资者的兴趣，或者需要与其他竞争者竞争商业机会，通常需要对自己的商业计划书进行口头介绍，因此需要另外准备一份篇幅在10页以内的缩减版商业计划书。

二、商业计划书的演示

商业计划书的演示，同商业计划书本身一样重要。当向别人口头介绍自己的商业计划书时，观众不仅会关注商业计划书，他们同样会关注演示者及其团队。因此，创业者推销自己的方法、面部表情、幻灯片、应对困难问题的方法等方面，对于观众来说，都是评判创业者是否是一个有效的经营者的线索。作为一个好的商业计划书的演示者，应该注意以下演示要点：

（一）演示前充分准备

首先，尽可能多地搜集观众信息。所有的风险投资公司都有自己的网站，上面会列出公司曾经投资的企业和合作伙伴，通过网络搜索和仔细调查也很容易找到有关投资者的背景信息。如果要与其他对手竞争获得投资的机会，那么了解投资者的背景信息是十分必要的。

其次，需要弄清楚自己拥有多少演示时间并提前做好规划。如果投资者提供一个小时的发言时间，但最后半小时是用来让演示者接受投资者提问的，演示者就必须在30分钟内结束演示，不能延时。同时，着装也要得体，如果不能确定自己到底应该选择怎样的衣服，那么演示者可以打电话给即将面试的公司的前台咨询着装事宜。一般情况下，演示者应该身着正装而不应随意穿戴，但如果要面试的公司拥有标志明显的T恤或其他印有公司名称或标志的衣物，演示者也可以选择这样的服装。此外，即使是刚入门的新手，也应带好名片。

再次，最好能根据时间分类演练，比如3分钟演讲、5分钟演讲、10分钟演讲和15分钟演讲等，并严格控制时间。

最后，要尽可能多地了解演示场地的情况。如果要在一个小会议厅里演示，通常不需要作过多的调整，但如果要置身于一个较大的舞台，就需要扩大幻灯片字体，或设计更新颖的形式向更多的观众演示。

（二）演示内容

决定一次商业计划书的演示精彩与否的因素，就是演示的内容。很显然，演示者不可能在一份 25 ～ 35 页的商业计划书或一场二三十分钟的演讲中传递所有的信息。所以，演示者必须把重点放在观众认为最重要的部分。对于投资者来说，企业的发展速度和预期收益率是他们关注的重点；对于银行家来说，现金流是否可以预测以及怎样做才能最大限度地降低风险是他们关注的重点。所以必须预先确定观众关心的重点问题，然后依此组织演示内容。

商业计划书演示的内容可以由 12 张左右的幻灯片组成。每张幻灯片建议用时 2 分钟左右，正好适合一场二三十分钟的演示。在演示前，要尽量保证观众人手一份商业计划书，可多带一些商业计划书备用。

演示一般由一张标题幻灯片开始，它应在正式陈述前等待观众的准备阶段投影播放。

（三）演示技巧

提前到投资者的办公室，演示时注意控制时间，突出重点。要准备充分，言语诚恳。调好财务模型格式，以便打印。

一般来说，投资者要多听听演示者的介绍。每个投资者都有自己的风格，演示者应注意投其所好。

课堂活动3-2

1. 主题：商业计划书演示。
2. 目标：使学生学会在投资者面前正确地演示商业计划书。
3. 建议时间：10 分钟。
4. 材料准备：不同的商业计划书演示稿，各含 2 份打印稿及电子稿。
5. 活动步骤：
第一步：由 10 名学生组成两个 5 人小团队；
第二步：学生团队拿到需要演示的商业计划书，讨论之后上台演示；
第三步：其他学生和老师作为投资者投票选择其中一个团队进行投资。
6. 总结评价：学生通过实际参与商业计划书的演示流程，锻炼演讲能力和判断能力。

项目 8 了解企业登记注册流程

💡 学习目标

1. 掌握工商登记注册方法。
2. 认识企业股权，掌握企业股权分配方法。

◼ 导入案例

公司注册"踩了坑"

小王的成长史是从公司注册开始的。由于大学期间开过奶茶铺子，尝过了创业的甜头，毕业后，他便按捺不住内心的冲动，准备开始创业。

一开始，小王以为公司注册很简单，但在第一关公司核名这儿就栽了跟头。他根据网上提供的攻略，特意准备了5个不同的名称，但都因不符合标准被驳回了。

公司名称，并不是好听、大气就行，而是一定要和自身业务相关，确定好名称后要自行去工商部门网站检索公司名称及商标是否已被他人注册，公司名称确定后也要在企业注册网站提前查重。公司名称一定要经过深思熟虑，不要轻易做变更，变更会涉及商标、域名、著作权等方方面面，容易造成不必要的财产损失。

另外，小王发现工商部门在严查虚假注册地址，注册地址不是写字楼的公司都会被严查。而且其中大有文章，首先是虚拟注册地址和虚假注册地址的概念容易混淆，虚假注册地址是"查无此地"，属于胡编乱造，是违法行为，而虚拟注册地址是指注册地址和办公地址分离，二者都是真实存在的地址，创业初期资金紧张，大可选择虚拟注册地址。办公地址选得好还会节省创业成本，它和公司的税收优惠政策、一般纳税人申请等息息相关，因此选择办公地址时一定要提前了解相关信息。

　　小王终于拿到了营业执照，正准备大显身手，问题又来了。因为没取得相关资质，公司无法正常经营。此时小王才恍然大悟，原来营业执照上的经营范围并不代表实际的经营范围。除此之外，经营范围的填写也要注意先后顺序，主营业务要放在第一顺位。

　　营业执照拿到手后，找个有经验的财务人员管理财税十分重要。很多创业公司在发展壮大的阶段就因为长期资金往来混乱，记账报税不严谨等问题遭到税务稽查，罚款补缴都免不了。

　　小王在创业初期经历过这些麻烦事儿后，悟出一个道理："选择比努力更重要"，因为小王发现这些让他劳心费力的活儿，只需花几百元交给一个专门的代理机构，就能很快办妥。代理机构有十分丰富的办理经验，而且对注册流程驾轻就熟，不仅能办事高效，还能应对和防范各种风险。

　　创业者创业初期大多面临事情多、走弯路、没人带等各种问题，为了省时省心，寻求外部支持是处理各种问题的最佳办法。让专业的人做专业的事，创业者也可避免为琐事劳心劳力，而把时间和精力集中在更重要的工作上。随着信息技术的不断发展，为公司提供各类服务的公司也如雨后春笋般不断涌现。

分析问题：

1. 你认为自己去办理企业登记注册和委托服务公司代办各有哪些优缺点？

2. 你认为该如何避免在企业注册中"踩坑"？

任务1 认识工商登记注册流程

　　经过精心策划和认真筹备，初创企业就像是一个孕育已久的胎儿，已经呼之欲出，工商登记注册是让企业"呱呱坠地"的最后一步。这一节将重点介绍企业工商登记注册的流程。

　　一个企业在国家相关部门登记注册、最终创立需要经过一系列的法律流程，主要包含以下步骤：

一、核名

　　核名是为了确保没有同名的公司。创业者可以通过前往当地工商局领取"企业（字号）名称预先核准申请表"或在工商局官方网站进行办理。如果没有重名，工商部门就会核发一张"企业（字号）名称预先核准通知书"。

二、审批

经营范围中有需特种许可经营项目的企业，要报送审批，如有特殊经营许可项目还需到相关部门进行审批，获得许可证。根据行业情况及相应部门规定不同，分别分为前置审批和后置审批。审批要准备相关申请材料，如前置审批的申请材料包括前置审批申请书、企业（字号）名称预先核准通知书、法人代表身份证原件、房屋租赁合同或房产证等相关部门要求的材料。

三、工商登记注册

备齐各地方工商管理局要求的资料后，要到企业注册地工商管理局办理工商登记注册。需要注意的是，根据注册企业性质的不同，需要的材料也会不一样，具体相关信息依据当地工商管理局的规定为准。以下属于市工商局登记管辖范围的企业，需要到市工商局登记：①省、自治区、直辖市人民政府、国有资产监督管理机构履行出资人职责的公司以及该公司投资设立的控股在 50% 以上的公司；②注册资本在 3 000 万元（含）人民币以上的有限责任公司；国家工商行政管理总局授权登记的其他公司；③专业的资产评估公司、会计师事务所、审计公司、典当公司、中小企业的信用担保公司、从事旧机动车经纪业务的经纪公司、期货经纪公司、因私出入境的中介公司、境外就业的中介公司、人才中介服务公司、征信公司、商标代理公司；④西客站地区、首都机场地区、天安门地区、机动车交易市场、古玩城市场、潘家园旧货市场内设立的公司。市工商局登记管辖范围以外的企业到区县工商局进行注册登记。

四、刻字印章

提供企业法人营业执照、法人代表身份证等材料经公安局特行科审批后，到公安局指定的刻章社刻印章。

五、开立基本账户

凭企业法人营业执照原件及复印件、法人身份证明、公章、财务章、法人章到银行开立基本账户。如非法人亲自办理，还需要提供经办人身份证明和法人的授权书。

按照目前的认缴制规定，不需要进行验资，按公司章程在期限内缴入注册资金即可。

六、社会保障登记

持社会保障登记表、企业法人营业执照、法人代表身份证到当地社保中心获得社会保险登记证。

课堂活动3-3

1. 主题：企业登记注册流程排序与抢答。

2. 目标：使学生掌握企业登记注册流程。

3. 建议时间：10分钟。

4. 材料准备：写有企业登记注册流程的纸板。

5. 活动步骤：

第一步：老师指定数名学生上台，每人拿1块纸板；

第二步：学生举手发言对流程进行排序，老师就每个环节进行提问，学生抢答；

第三步：老师总结与点评。

6. 总结评价：学生通过实际参与企业登记注册流程演习，可加深对企业登记注册流程的认识与了解。

任务2 认识企业股权架构

一、股权

股权是投资者由于与公民合伙和向企业法人投资而享有的权利。一般来说，股权占比越大，投资者在企业中所享有的各项权利也越大。

二、初创公司股权分配

初创公司的股份如何分配？

首席执行官（CEO）在团队里的初始股份比例最好要保持在40%～70%，不可低于30%。具体可根据合伙人的数量和能力而定。对于大家公认的优秀的团队领导，其初始股份比例最好能在50%左右。因为谁做了首席执行官，就意味着此后谁的付出最多，承担的风险最大。即便在中途其他合伙人离开或卖出股票，首席执行官也不能随便离开或根据市场趋势卖出股票。这是一种首席执行官与团队及投资者的约定。因此团队中的其他成员也需要对首席执行官保持尊重。随着团队越来越大，只有首席执行官保持 20% ～ 30% 的股份，才能让公司的发展长治久安。首席执行官可以不在乎物质回报，但不能不在乎股份背后的决策权利。

三、创业团队的股权激励

用股份留住优秀的人才是很多公司常用的手法，对于创业初期的公司，人才更是稀缺，并且创业公司能够拿出来吸引人的东西并不多，因此创业公司应该用好这个途径来吸纳更多的人才。使用股权激励的方法时，有以下几点应当注意的地方：首先，所承诺的股份一定都要有足够长的工作年限的规定，比如四年甚至更长，因为人员相对稳定是公司发展壮大的先决条件。其次，对于提前离开的合作者，公司应有权按原价或者其他约定价格回购其股份，以便用此股份奖励新合伙人或业绩突出的员工、合伙人。最后，要注重诚信建设，承诺要慎重，不要随意承诺、承诺过多，承诺了就得按承诺执行，这样才能在团队中建立信用和树立威信。

💡 **课堂活动3-4**

1. 主题：算股权。

2. 目标：使学生深入了解股权及股权稀释等相关概念。

3. 建议时间：10 分钟。

4. 材料准备：无。

5. 活动步骤：

第一步：老师给出多个情境的股权变化题目（如投资稀释、合作伙伴股权出让、上市融资等）；

第二步：学生计算并抢答；

第三步：老师总结。

6. 总结评价：学生通过实际演算掌握股权的概念及其变化，加深对知识的理解。

第四部分

搏浪
——创业项目运营

"中流击水，浪遏飞舟。"现在我们已经可以驾驭着自己的创业之舟，去搏击风浪，创造属于自己的未来了。

事实上，当我们开始在商海拼搏的时候，一定会发现，之前所做的准备其实是不够的，我们需要学习的东西还有很多。我们还需要学习企业管理运营的相关知识，包括人力资源、财务、采购、价格、促销等，以保证我们的企业健康发展。

本部分课程内容适合已经对创业有较好了解的同学。通过学习，同学们将会对初创企业的运营和管理有更深的认识，并掌握相关技巧。

项目 9　人力资源管理

1. 了解人员招聘流程，掌握人员招聘方法。
2. 了解面试与评估流程，掌握人员面试与评估方法。

导入案例

"90后"女大学生白手起家创业

彭丽在大一时就在校内尝试做二手服装的租赁生意，迄今她的生意已经覆盖了江苏省南京市几乎所有的高校，年营业额有望突破百万元。

一、家庭贫困，"被迫"创业

由于"缺钱"，大一时彭丽就开始创业，当时她觉得学校里的服装租赁生意有市场潜力，她却没有买服装需要的钱，她只能退而求其次，从外面租来服装再转租给客户使用。生意在不温不火中持续了几个月，彭丽虽然没有赚到什么钱，却积累了不少经验。

大二时，彭丽的创业道路迎来了转机，当时学校举办了一场创业大赛，彭丽和一名同学结伴，一起成功入围了大赛，获得了学校免费提供的创业场地，她的创业之路这才真正走上了正轨。

二、承办学校校庆公司，品牌一夜之间打响

她的店正式开起来了，这时候与她一起参赛的那名同学却选择了退出，彭丽变成"孤军作战"。在大三时，一场活动改变了她的命运，这就是南京信息职业技术学院举行的60周年校庆。当时南京信息职业技术学院的领导大胆地决定，要把这次活动所需的所有的演出道具，都交给彭丽简陋到近乎寒碜的公司负责。

虽然学校是为了促进彭丽的公司的发展才与她合作，但是导演组是外聘的，对服装道具的要求很高，彭丽的公司为演出准备的服装一次次被要求重新更换。这么折腾了一大圈下来，彭丽反而赔了钱。

即便如此，彭丽的公司却发生了质的变化。"这次活动之后，我们的业务量大增，品牌一夜打响了，很多客户一听说南京信息职业技术学院的60周年校庆是我们做的，马上对我们刮目相看。"

三、服装租赁业务，几乎覆盖南京所有高校

自承办了学校的60周年校庆活动之后，彭丽的公司业务量呈井喷式增长，很快她就扩大了公司的规模。公司仓库里的服装数量已经超过了1万件，独立支撑一场大型演出绰绰有余。

"其实服装租赁这个行业的发展道路是很容易就可以被别人复制的，那么，为什么我们的事业还发展得这么好？"彭丽时常这样问自己，而她总结了两个原因：第一个原因是她有一个人才齐备的团队，"我们不仅有大量的服装，现在还有专业的懂化妆的团队，我们的几名员工现在都在考化妆证书；此外，我们还有懂演出的团队，能够为客户提供专业的指导意见。"

第二个原因是她手里的各种资源丰富，除了服装外，还有模特和杂技等演出资源。可以说基本上客户需要什么样的业务，她都能快速满足客户的需求，这样就必然会将市场培育得越来越大。

彭丽略微保守地预估了一下公司今年的营业额，差不多有100万元，而她给自己明年定下的目标是营业额达到500万元。不过彭丽也坦言，把事业做得大一些固然是心中的渴望，不过很多时候不能急于求成，还是要一步一个脚印。

分析问题：

1. 彭丽曾经"孤军奋战"，身兼数职，一个人撑起创业业务，你觉得这对她后来带领团队开展业务有什么帮助？

2. 你认为彭丽成为公司总经理后，会给自己划定什么样的工作范围？她应该找哪几个方面的管理者和员工来开展业务？

任务1　人员招聘

一、人员招聘流程

要找到合适的人来助力我们的创业事业，就涉及企业人力资源管理中非常重要的一环——员工的招聘与录用。如果没有一套行之有效的方法，没有合适的渠道，是很难招到合适的员工的。那么，员工招聘与录用的具体流程和方法是怎样的呢？如图 4-1 所示。

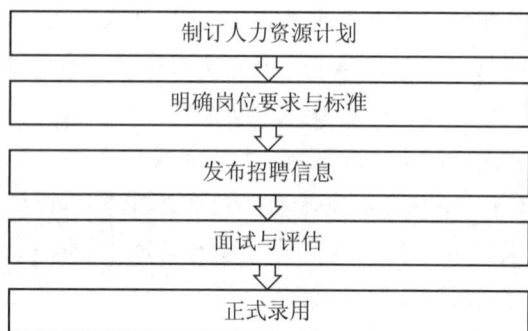

图 4-1　人员招聘流程

（一）制订人力资源计划

在招募员工之前，要对企业的人力资源开发和管理做一个规划，也就是人们常说的人力资源计划。对于初创企业而言，人力资源计划是企业运营和发展的重要保障。制订人力资源计划一般分为三个步骤，如图 4-2 所示。

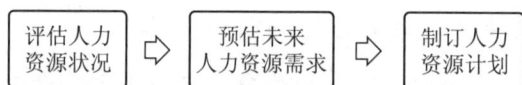

图 4-2　人力资源计划的制订

1. 评估人力资源状况

企业首先要做的是对人力资源整体状况进行评估，企业需要作出详细的岗位设置和岗位描述，说明该岗位员工应该做哪些工作、如何做、为什么这样做，反映出工作的内容、工作环境以及工作条件、工作职责等，然后根据企业的用工情况和员工人事详情作出完整的评估，看看初创企业中每一个岗位需要具备哪些知识和技能，现在的人力资源存在什么问题，能不能满足创业任务的要求，等等。

2. 预估未来人力资源需求

"人无远虑，必有近忧。"企业的发展会经历不同的阶段，各个阶段对人力资源的需求也会不同。在审视自己目前的人力资源之后，应该根据既定的目标对企业未来发展所需的人力资源进行预估。对现有岗位的人员数量和质量的缺额，以及未来可能增加的岗位以及所对应的人力资源需求作出具体的、可操作性强的计划。同时，也需要对企业内部和外部的人力资源供给进行分析，例如，内部员工晋升预估、求职高峰的时段，具体行业人才的规模等。要做到需求预估和外部供给相结合，让人力资源计划更贴近实际。

3.制订人力资源计划

初创企业会面临许多未知的机遇和挑战，在制订计划的时候，要考虑其灵活性和动态性，不能过于死板、一成不变，在执行计划的同时要进行跟踪、监督并及时进行调整。

（二）明确岗位要求与标准

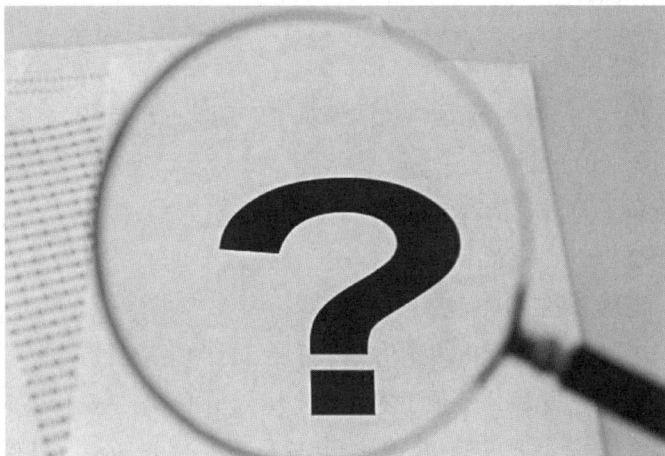

"没有规矩，不成方圆"。在招聘之前，企业要先明确招聘的标准，然后有计划、有目的地去招聘员工。

创业之初，企业还是羽翼未丰的雏鸟，经受不起太大的变动，创业者也没有过多的时间和精力去重复招聘某一个岗位。所以，创业者要对具体岗位的员工标准作出准确的界定，力求一锤定音，一次性找到自己心仪的人才。

（三）发布招聘信息

创业者可以在网上或者招聘会发布自己的信息，并定期查看。

（四）面试与评估

创业者需要对初步筛选出来的人员进行认真核查，并邀请他们来参加面试。

（五）正式录用

应聘者如果面试通过，评估合格，公司即可与其签订劳动合同，正式录用应聘者。

二、人员招聘渠道

初创企业规模不大，整个岗位配置和任务分配比较清晰，一般都会采取外部招聘的方式。具体来讲，外部招聘的主要渠道有网络招聘、他人推荐、刊登招聘广告和校园招聘等。

当然招聘的不仅限于所列出来的这些，其他渠道还有很多，如职业介绍所、猎头推荐等也应在考虑范围之内。无论哪种渠道，都要考虑其中的成本和效率，目的是通过合适的渠道引入自己需要的人才。

💡 课堂活动4-1

1. 主题：模拟面试。

2. 目标：使学生了解企业面试流程并掌握一定的面试技巧。

3. 建议时间：10分钟。

4. 材料准备：简历表格若干份。

5. 活动步骤：

第一步：老师分发简历表格，学生填写；

第二步：老师收集简历并选择几份进行展示，学生进行点评；

第三步：老师充当面试官进行模拟面试，依照面试结果进行讲解与点评。

6. 总结评价：学生通过模拟活动，可进一步掌握企业人力资源相关知识和技巧。

任务2　薪酬管理

在企业中，员工的工资和福利组成了企业薪酬体系，薪酬管理是员工管理中最核心的组成部分。薪酬主要由企业的薪酬管理制度决定，同时受国家相关法律法规的制约。合理薪酬管理制度将从很大程度上激发员工的工作热情和潜力，从而节约企业运营成本，并保证企业资金的正常流动。

一、薪酬管理制度

对于初创企业而言，一个好的薪酬管理制度具有以下特性：

（1）公平支付。公平支付主要分为两个方面：①员工薪金报酬水平与其所在的企业中从事同种岗位的员工薪酬水平相当，实现内部薪酬稳定；②员工薪酬水平与其他企业中从事相似岗位的员工的薪酬水平相当，实现外部薪酬稳定。初创企业制定薪酬管理制度，必须考虑这两方面的因素。如要避免员工对薪酬的不满或者疑问，就必须同时做好内部薪酬稳定和外部薪酬稳定，一般通过合理岗位薪酬评估做好内部薪酬稳定，通过薪酬定价实现外部薪酬稳定。

（2）保密性。员工的薪酬属员工个人信息，企业应对薪酬发放的相关信息予以保密，这样也能避免员工因知晓他人的工资水平而可能产生的不满。薪酬保密并不意味着所有的岗位都保密，应该公布单个岗位的薪酬范围，这样可以使员工在不比较同等岗位薪酬的同时，激励他们在具体岗位上做到最好。

（3）结构合理。薪酬的结构主要包括薪酬组成和企业薪酬架构。对于初创企业，薪酬组成是否合理的关键在于工资和奖金的比例分配是否合理。保持企业薪酬架构合理的方式，就是将不同性质的岗位的薪酬区分开来，例如，管理者与基层员工、文案工作和技术工种等，形成一个具有层次的架构，可以让员工明确自身定位，也能够促使员工有前进的方向和努力的目标。

二、岗位薪酬评估

岗位薪酬评估（表4-1）是企业对每个岗位相对于其他岗位的薪酬决策过程，目的是稳定企业内部的薪酬。岗位薪酬评估一般用来建立单个岗位的薪酬范围，而并非针对具体员工进行的薪酬决策。初创企业在对岗位薪酬进行评估时，应将企业涉及的岗位职责及其对创业的贡献，按照重要性进行具体的细化分类。具体是否重要，要根据创业的核心产品、商业模式和创业目标来决定，切忌全盘模仿成熟企业的评估体系。

表 4-1　岗位薪酬评估

次级要素	对公司政策	对他人工作	对外关系	对公司资金	打分范围
层次 1	能够给企业决策提供微小建议	只对自己负责	很少联系客户	管理资金的数量极少	0～20
层次 2	能够为企业内部事务处理提供建议	在小范围内能够起到管理、控制作用	偶尔联系客户	管理资金数量一般	20～50
层次 3	能够为管理层制订政策时提供有益建议	能够管理较多员工或者独立的部门	与客户关系紧密，需要经常保持联系才能避免损失	管理资金较多，达到部门的规模	50～80
层次 4	能够为未来企业的发展方向和规划提供决定性的意见	能够负责企业所有部门之间的协调工作	与客户的沟通频繁，公关能力需非常出色	管理资金规模较大，一旦失控能够为企业带来较大风险	80～100

在岗位薪酬评估方法方面，初创企业比较适宜采用岗位评估评分法，这种方法的核心是要素指标打分和指标权重两套体系。

企业在创业过程中，可能面临比较多的变化和挑战，需要对各要素的次级指标进行合理调整，对打分的层级也根据企业实际情况进行拟定。

课堂活动4-2

1. 主题：理想薪资小调查。

2. 目标：使学生了解薪资的市场行情并初步学会薪资制订的策略。

3. 建议时间：15分钟。

4. 材料准备：调查问卷。

5. 活动步骤：

第一步：老师与学生商定招聘的人数与岗位；

第二步：学生通过网络调查了解岗位薪资平均水准，讨论制订企业的阶梯式薪资，并估算企业单月的人力资源成本；

第三步：老师点评。

6. 总结评价：学生通过调查、策略制订及成本估算等一系列活动，深入了解企业的薪资制定流程，并对人力资源成本有一个较为清晰的概念。

项目10 财务报表编制

💡 学习目标

1. 认识财务报表及其作用。
2. 认识资产负债表，掌握其内容要点。
3. 认识利润表，掌握其内容要点。
4. 认识现金流量表，掌握其内容要点。
5. 了解财务预算及其作用，了解编制财务预算的流程与方法。

导入案例

最大的"坑"是财务

小明从去年年底开始创业，到今年收入估计在100万元，利润在50万元左右。

要说什么是创业过程中小明遇到的最大的痛苦，那肯定是业务，即怎么找到客户，怎么带来营收。除了这个痛苦，还有人才，即如何找到合适的人和自己一起干，并成为合作伙伴。都说创业的成功率只有5%，小明十分庆幸自己的公司活了下来。但小明认为在整个创业的过程中，其实最令他纠心的不是业务问题，而是财务问题。如果创业者不懂相关财务知识，以后公司的发展壮大也会存在各种问题。

关于创业的原因小明这样说："我是做互联网产品UI设计的，原来工作的公司规模较大，有100多人，人员流动大，像我们这样待了五六年的人并不吃香。正好，我遇到了公司裁员、降薪、部门合并，于是自己索性离职。本来也没想到自己做，但找了几份工作都不顺心。我前思后想了一个多月：没收入怎么办，孩子上学怎么办，房贷怎么办，这些都是现实的问题。我当时想，最坏的状况，每个月至少能赚 5 000 元吧，能保底就行。家里人也给了我很大的支持，这也是我日后不断地遇到困难但能坚持走下去的动力之一。"

小明原本以为财务上的问题解决了就没事了，可是等到报税的时候又出错了。每个月 15 号之前必须完税，小明都是提前把开好的发票、各种报销单据贴好，按照 A 公司（小明的代理记账公司）要求的格式提交。一般小明在每个月 10 号左右提交给 A 公司，对方基本没什么反馈。有两次，税务局给小明打电话，说小明的财务有问题，让他过去一下。小明便立即给 A 公司打电话，折腾了一圈才解决问题。还有一两次，税务局给小明发短信，说某种税没有缴纳，必须在一天之内缴纳，否则就要罚款。小明觉得奇怪，这些不断出现的小问题，A 公司专门的记账人员都没处理好吗？最令人气愤的是，注册公司半年之后，小明要来公司的利润表一看，结果发现亏了 50 多万元。小明问："不都回款了吗，为什么没有记账？" A 公司的会计说，"我们需要看到银行对账单。"当时小明就生气了："对账单！对账单！你怎么不跟我说，我根本不知道这件事。"小明连忙跑到银行打印了半年的对账单。银行办事人员笑了很久，问小明在哪家记账，小明说在 A 公司。银行工作人员说，A 公司还算正规，他们知道有不少小企业在小公司注册、记账，半年之后，小公司跑了，小企业都欲哭无泪。

这些算是大问题吗？不是，都是小问题、小麻烦，但这些问题让创业者心里很别扭。小明后来问了很多创业者，都和他的问题差不多，问题都出在记账公司那里。那么，记账公司的问题出在哪里？后来小明和 A 公司的会计更加熟悉了，他告诉小明自己代理了 100 多家公司的记账工作，根本忙不过来。100 多家公司的所有的证书、密码口令都在他这里，稍不注意就会弄错。

小明便算了一笔账。100 多家公司，每个月每家收费 300 元，一个月就是 3 万元，一年就是 36 万元。大多数记账公司代理 300 多家公司的记账工作，也就是一年收费 100 多万元。成本仅是两个人员的工资，净赚 70 多万元，利润如此可观，怪不得北京有这么多代理记账公司。

小明发现代理记账不规范的原因有很多，比如：

（1）没有规则，整个流程不透明。很多业务我们不懂，记账公司便利用这种不透明赚钱。如果让我们研究规则，那么时间则成本太高。

（2）记账公司服务意识不够强。很多时候需要他们来为我们服务，可他们客户资源丰富，根本不在乎一两个客户的流失。北京市有 300 多万个中小企业，找到客户并不难。

小明觉得找到一个收费透明、服务流程规范、服务意识强的记账公司十分困难。

小明的公司今年业务额达100万元，雇了3个员工，业务也逐渐开展。有一些大的企业开始指定小明的公司为供货商，这让小明十分高兴。

其实，小明还有更长远的计划。现在新三板开放之后，小明也有融资、上市的梦想。

如果要长久发展，财务这一关必须过。否则过几年再重新梳理财务问题就太麻烦了。也有人建议小明换一家记账公司，但是小明认为换一家记账公司比较麻烦，而且记账公司的收费都差不多，还是算了。关键是试错的成本太高。

"让天下没有难记的账"，这就是小明——一个创业者最想解决的事情。

分析问题：

1. 财务对案例中的创业者造成了哪些困扰？
2. 如何避免上述问题？

任务1　看懂资产负债表

资产负债表是反映企业在某一特定日期（如月末、季末、年末）的全部资产、负债和所有者权益及其构成情况（即财务状况）的静态报表。利用会计平衡原则，划分为"资产、负债、所有者权益"三大区块，在经过分录、转账、分类账、试算、调整等会计程序后，以特定日期的静态企业情况为基准，浓缩成一张报表。

一、资产负债表的结构及内容

（一）资产负债表的结构

资产负债表的结构分为资产、负债、所有者权益三个部分。

（1）资产。按流动性强弱排列，流动性强的排列在前，流动性弱的排列在后。

（2）负债。按偿还先后排列，先偿还的排列在前，后偿还的排列在后。

（3）所有者权益。按永久性程度排列，永久性强的排列在前，永久性弱的排列在后。

（二）资产负债表的内容

资产负债表的功用可以回答企业主或投资者关心的问题，如图4-3所示。

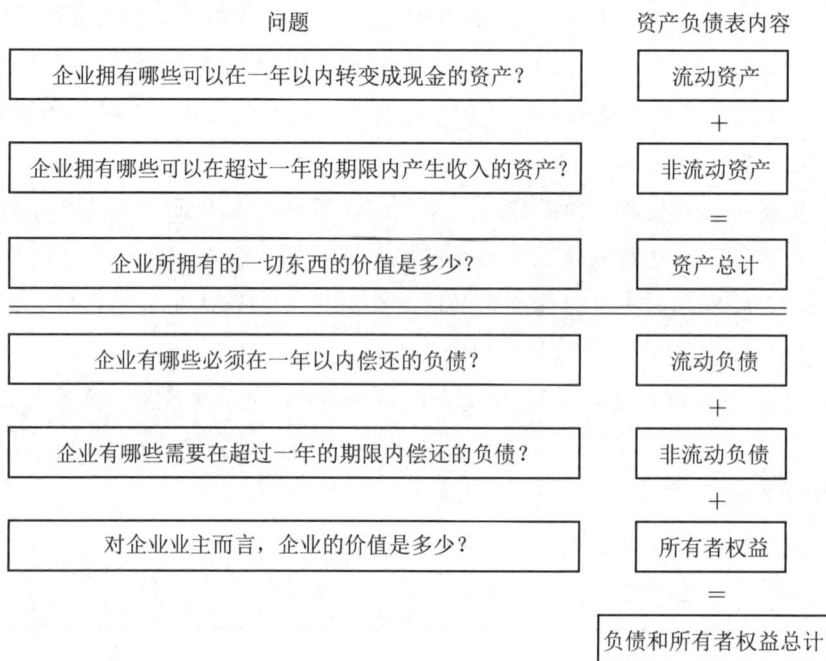

问题	资产负债表内容
企业拥有哪些可以在一年以内转变成现金的资产？	流动资产
	+
企业拥有哪些可以在超过一年的期限内产生收入的资产？	非流动资产
	=
企业所拥有的一切东西的价值是多少？	资产总计
企业有哪些必须在一年以内偿还的负债？	流动负债
	+
企业有哪些需要在超过一年的期限内偿还的负债？	非流动负债
	+
对企业业主而言，企业的价值是多少？	所有者权益
	=
	负债和所有者权益总计

图4-3 资产负债表的功用

二、我国企业资产负债表的一般格式

根据上面的图可以描绘出资产负债表的样表，具体见表4-2。

表4-2 资产负债表

会企01表

编制单位： 年 月 日 单位：元

资　　产	期末余额	上年年末余额	负债和股东权益（或股东权益）	期末余额	上年年末余额
流动资产：			**流动负债：**		
货币资金			短期借款		
交易性金融资产			交易性金融负债		
衍生金融资产			衍生金融负债		
应收票据			应付票据		
应收账款			应付账款		

续　表

资　产	期末余额	上年年末余额	负债和股东权益（或股东权益）	期末余额	上年年末余额
应收款项融资			预收款项		
预付款项			合同负债		
其他应收款			应付职工薪酬		
存货			应交税费		
合同资产			其他应付款		
持有待售资产			持有待售负债		
一年内到期的非流动资产			一年内到期的非流动负债		
其他流动资产			其他流动负债		
流动资产合计			流动负债合计		
非流动资产：			**非流动负债：**		
债权投资			长期借款		
其他债权投资			应付债券		
长期应收款			其中：优先股		
长期股权投资			永续债		
其他权益工具投资			租赁负债		
其他非流动金融资产			长期应付款		
投资性房地产			预计负债		
固定资产			递延收益		
在建工程			递延所得税负债		
生产性生物资产			其他非流动负债		
油气资产			非流动负债合计		
使用权资产			负债合计		
无形资产			**所有者权益：**		
开发支出			实收资本（或股本）		
商誉			其他权益工具		
长期待摊费用			其中：优先股		
递延所得税资产			永续债		
其他非流动资产			资本公积		

资　产	期末余额	上年年末余额	负债和股东权益（或股东权益）	期末余额	上年年末余额
非流动资产合计			减：库存股		
			其他综合收益		
			专项储备		
			盈余公积		
			未分配利润		
			所有者权益（或股东权益）合计		
资产总计			负债和所有者权益（或股东权益）总计		

三、资产负债表编制的基本方法

资产负债表"上年年末余额"栏内的各项数字，一般应根据资产、负债、所有者权益类各科目的期末余额填列，具体方法如下：

（一）"期末余额"栏的填列方法

1. 根据一个或几个总账账户的期末余额直接填列

此填列方法包含以下三种情况：

（1）按某个总账账户的期末余额填列。资产负债表中的大部分项目，都可以根据总账账户的期末余额直接填列。如"交易性金融资产""短期借款""交易性金融负债""应付票据""应付职工薪酬""递延所得税负债""预计负债""实收资本（或股本）""资本公积""盈余公积"等项目应直接根据总账科目的期末余额填列。

（2）期末余额在相反方向以"-"号填列。资产负债表中的有些资产项目，如"固定资产"，如果其相应账户出现贷方余额，应以"-"号的方式填列在期末余额栏内；资产负债表中的有些负债项目，如"应交税费"，如果其相应账户出现借方余额，应以"-"号的方式填列在期末余额栏内。

（3）按多个总账科目的期末余额填列。资产负债表中的一些项目需要根据多个总账账户的余额计算填列。如"货币资金"项目，应根据"库存现金""银行存款""其他货币资金"三个总账账户期末余额的合计数填列。又如"未分配利润"项目，则应根据"本年利润"账户和"利润分配"账户期末余额的计算填列。具体来说，又分为两种情况：

① 在年度中间的1—11月份，应当根据"本年利润"账户和"利润分配"账户的余额方向一致，将其合计数填入报表；如果"本年利润"账户和"利润分配"账户的余额方向不一致，将其差额填入报表。

② 在年度终了的12月份，因本年实现的利润和已分配的利润已经结转，可直接根据"利润分配——未分配利润"账户的年末余额填列。该账户如为贷方余额（正数），表示未分配利润；该账户如为借方余额（负数），表示尚未弥补亏损。

2. 根据明细账科目的余额计算填列

资产负债表中的部分项目需根据相关明细账科目的期末余额填列。

（1）"应收账款"项目，应当根据"应收账款"和"预收账款"账户（以下简称"两收"账户）所属明细账户借方余额之和减去相应"坏账准备"账户账面余额后的金额填列。

（2）"预收款项"项目，应当根据"应收账款"和"预收账款"账户所属明细账户贷方余额之和填列。

（3）"应付账款"项目，应当根据"应付账款"和"预付账款"账户（以下简称"两付"账户）所属明细账户贷方余额之和填列。

（4）"预付款项"项目，应当根据"应付账款"和"预付账款"账户所属明细账户借方余额之和减去相应"坏账准备"账户账面余额后的金额填列。

3. 根据总账账户和明细账账户的余额分析计算填列

（1）"长期应收款"和"长期待摊费用"项目，应该分别根据"长期应收款"和"长期待摊费用"总账账户的余额减去将于一年内（含一年，下同）收回的长期应收款和将于一年内摊销的长期待摊费用明细金额计算填列。

（2）"长期借款"和"应付债券"账户的期末余额，扣除其中在资产负债表日起一年内到期，且企业不能自主地将清偿义务展期的部分后的金额填列。

4. 根据有关账户余额减去其备抵账户余额后的净额填列

如"长期股权投资""在建工程"项目，应根据相关账户期末余额填列，已计提减值准备的，还应扣减相应的减值准备；"固定资产""无形资产""投资性房地产"项目，应根据相关账户的期末余额扣减相应的累计折旧（摊销、折耗）填列，已计提减值准备的，还应扣减相应的减值准备，采用公允价值后续计量的上述资产，应根据相关账户的期末余额填列。

5. 综合运用上述填列方法分析填列

如"存货"项目，应根据"在途物资""原材料""发出商品""库存商品""周转材料"和"生产成本"等账户期末余额合计，减去"存货跌价准备"等账户期末余额后的净额填列，材料采用计划成本核算以及库存商品采用计划成本核算或售价核算的企业，还应按加减材料成本差异、商品进销差价后的净额填列。

（二）"期初余额"栏的填列方法

本表的"期初余额"栏通常根据上年年末有关项目的期末余额填列，且与上年年末资产负债表"期末余额"栏一致。如果企业上年度资产负债表规定的项目名称和内容与本年度不一致，应当对上年年末资产负债表相关项目的名称和数字按照本年度的规定进行调整，填入"上年年末初余额"栏。

四、如何读懂资产负债表

下面介绍看懂资产负债表的简单步骤，以供参考。

（一）总额观察

资产负债表的基本结构是"资产 = 负债 + 所有者权益"。不论企业处于何种状态，这个平衡式永远是恒等的。左边反映的是公司所拥有的资源，右边反映的是公司的不同权利人对这些资源的要求。

资产是企业资源变化的一个结果，引起这种结果变化的根本原因主要有两方面：一是负债的变化；二是所有者权益的变化。既然资产等于负债加所有者权益，那么资产的增减变化量应该等于负债的增减变化量加所有者权益的增减变化量，即：

资产的增减变化量 = 负债的增减变化量 + 所有者权益的增减变化量

在具体考察资产、负债、所有者权益之间的依存关系时，当一个企业在某一特定时间的资产总额增加，伴随的原因可能是负债在增加，或者是所有者权益在增加。例如：从银行借款或增加注资。

当一个企业资产在减少时，伴随的原因可能是负债在减少，也可能是所有者权益在减少。例如：偿还银行贷款或减少注资。

其实，在现实中真实的情况要复杂得多。当资产增加时，可能负债在增加，而所有者权益在减少。研究这三个数字的关系，就可以基本上把握企业在某个经营时段中发生了哪些重大变化，也就可以摸清企业财务发展变化的基本方向。

总额观察的目的就是要把握一个企业财务状况发展的方向是什么。既然知道资产总量减少只是个结果，而引起这种结果的原因就是负债的变化和所有者所有权的变化，读表人心里马上就要想到，既然负债在减少，那么负债到底是什么原因而减少？既然所有者权益在增加，那么所有者权益是什么原因而增加？根据报表中关于资产的增减变化，就可以进一步探究这种变化的原因。

（二）具体浏览项目

要探究具体变化的原因，就要对报表作具体的浏览。具体浏览项目，要拿着报表从上往下看，左右对比看。从上往下是一个接一个地观察项目，而左右对比就要看一看哪个数字发生的变化最大，哪个数字发生变化的速度最快，哪里就是主要原因。具体浏览项目的特点是有的放矢。

💡**课堂活动4-3**

1. 主题：企业资产估算。
2. 目标：使学生掌握通过资产负债表快速估算企业资产状况的方法。
3. 建议时间：10分钟。
4. 材料准备：企业资产负债表数张。
5. 活动步骤：
第一步：老师展示企业资产负债表；
第二步：学生快速估算企业资产状况并抢答；
第三步：老师点评。
6. 总结评价：学生通过多次训练快速掌握资产负债表关键数据，对企业经营情况有整体性的把握。

任务2 看懂利润表

利润表依据"收入－费用＝利润"公式，按照营业利润、利润总额、净利润的顺序编制而成，主要反映企业在某一时期内经营成果的动态报表。

一、我国企业利润表的一般格式

利润表格式见表4-3。

表 4-3 利润表

会企 02 表

编制单位：　　　　　　　　　　年　月　　　　　　　　　单位：元

项　　目	本期金额	上期金额
一、营业收入		
减：营业成本		
税金及附加		
销售费用		

续　表

项　　目	本期金额	上期金额
管理费用		
研发费用		
财务费用		
其中：利息费用		
利息收入		
加：其他收益		
投资收益（损失以"—"号填列）		
其中：对联营企业和合营企业的投资收益		
以摊余成本计量的金融资产终止确认收益（损失以"—"号填列）		
净敞口套期收益（损失以"—"号填列）		
公允价值变动收益（损失以"—"号填列）		
信用减值损失（损失以"—"号填列）		
资产减值损失（损失以"—"号填列）		
资产处置收益（损失以"—"号填列）		
二、营业利润（亏损以"—"号填列）		
加：营业外收入		
减：营业外支出		
三、利润总额（亏损总额以"—"号填列）		
减：所得税费用		
四、净利润（净亏损以"—"号填列）		
五、其他综合收益的税后净额		
（一）不能重分类进损益的其他综合收益		
1.重新计量设定受益计划变动额		
2.权益法下不能转损益的其他综合收益		
3.其他权益工具投资公允价值变动		
4.企业自身信用风险公允价值变动		
……		
（二）将重分类进损益的其他综合收益		

续　表

项　目	本期金额	上期金额
1.权益法下可转损益的其他综合收益		
2.其他债权投资公允价值变动		
3.金融资产重分类计入其他综合收益的金额		
4.其他债权投资信用减值准备		
5.现金流量套期储备		
6.外币财务报表折算差额		
……		
六、综合收益总额		
七、每股收益		
（一）基本每股收益		
（二）稀释每股收益		

二、利润表编制的基本方法

（一）"本期金额"栏的填列方法

利润表中的"本期金额"栏数据来源于各损益类账户，会计期末根据损益类账户中所记录的本期发生额分析填列。其列报方法如下所述：

1. 营业利润的计算

以营业收入为基础，减去营业成本、税金及附加、销售费用、管理费用、财务费用、资产减值损失，再加上公允价值变动收益（减去公允价值变动损失）和投资收益（减去投资损失），计算出营业利润。

（1）"营业收入"项目，反映企业经营主要业务和其他业务所确认的收入总额。此项目应当根据"主营业务收入"和"其他业务收入"账户的发生额进行分析填列。

（2）"营业成本"项目，反映企业经营主要业务和其他业务所发生的成本总额。此项目应当根据"主营业务成本"和"其他业务成本"账户的发生额进行分析填列。

（3）"税金及附加"项目，反映企业经营业务应负担的消费税、城市维护建设税、城镇土地使用税、资源税、教育费附加、土地增值税及房产税等税费。此项目应当根据"税金及附加"账户的发生额进行分析填列。

（4）"销售费用"项目，反映企业在销售商品过程中发生的包装费、广告费等费用和为销售本企业商品而专设的销售机构的职工薪酬、业务费等经营费用。此项目应当根据"销售费用"账户的发生额进行分析填列。

（5）"管理费用"项目，反映企业为组织和管理生产经营发生的管理费用。此项目应当根据"管理费用"账户的发生额进行分析填列。

（6）"财务费用"项目，反映企业为筹集生产经营所需资金等而发生的利息等筹资费用。此项目应当根据"财务费用"账户的发生额进行分析填列。

（7）"资产减值损失"项目，反映企业各项资产发生的减值损失。此项目应当根据"资产减值损失"账户的发生额进行分析填列。

（8）"公允价值变动收益"项目，反映企业应当计入当期损益的资产或负债公允价值变动收益。此项目应当根据"公允价值变动损益"账户的发生额进行分析填列。如为净损失，此项目以"－"号填列。

（9）"投资收益"项目，反映企业以各种方式对外投资所取得的收益。此项目应当根据"投资收益"账户的发生额进行分析填列。如为投资损失，此项目以"－"号填列。

（10）"营业利润"项目，反映企业实现的营业利润。如为亏损，此项目以"－"号填列。

2. 利润总额的计算

以营业利润为基础，加上营业外收入，减去营业外支出，计算出利润总额。

（1）"营业外收入"项目，反映企业发生的与经营业务无直接关系的各项收入。此项目应当根据"营业外收入"账户的发生额进行分析填列。

（2）"营业外支出"项目，反映企业发生的与经营业务无直接关系的各项支出。此项目应当根据"营业外支出"账户的发生额进行分析填列。

（3）"利润总额"项目，反映企业实现的利润。如为亏损，此项目以"－"号填列。

3. 净利润的计算

以利润总额为基础，减去所得税费用，计算出净利润。

（1）"所得税费用"项目，反映企业应从当期利润总额中扣减的所得税费用。此项目应当根据"所得税费用"账户的发生额进行分析填列。

（2）"净利润"项目，反映企业实现的净利润。如为亏损，此项目以"－"号填列。

（3）"基本每股收益"和"稀释每股收益"项目，反映普通股股东每持有一股所能享有的企业利润或需承担的企业亏损。不存在稀释性潜在普通股的企业应当单独列示基本每股收益，存在稀释性潜在普通股的企业应当单独列示基本每股收益和稀释每股收益。

（二）"上期金额"栏的填列方法

利润表"上期金额"栏应根据上年该期利润表"本期金额"栏内所列数字填列。如果上年该期利润表规定的各个项目的名称和内容同本期不一致，应对上年该期利润表各项目的名称和数字按本期的规定进行调整，填入利润表"上期金额"栏内。

三、如何读懂利润表

要读懂利润表，需要把握三个简单步骤：

（1）步骤一：把握结果——赚了多少钱？

在看利润表时，一般都有一个习惯动作，即从下往上看，很少有人从上往下看。也就是说首先看的是最后一行净利润，然后是利润总额。这就是检查经营成果的第一步：把握结果。把握结果的目的是要看一看企业是赚钱还是赔钱，如果净利润是正数，说明企业赚钱；如果净利润是负数，说明企业赔钱。

（2）步骤二：分层观察——在哪里赚的钱？是来自日常活动还是偶然所得？

查看经营成果要分层观察。分层观察的目的就是要让企业明白到底在哪儿赚钱。在利润表中，企业的主营业务利润和营业利润是企业日常经营活动所得利润，最能说明企业盈利能力的大小。如果一个企业在主营业务利润或者营业利润上赚了钱，说明企业具有较好的盈利能力；如果一个企业确实赚了很多钱，但不是主营业务利润，而是通过无法控制的事项或偶然的交易获得的，不能说明企业盈利能力大。

（3）步骤三：项目对比——对经营成果满意吗？

项目对比通常是与两个目标进行比较：第一个是与以前年度经营成果相比；第二个是与年初所定的经营预算目标相比，通过对这两个目标的比较，在某种程度上确定对本年度业绩是否满意。

四、利润表各项的简单计算

营业利润＝营业收入－营业成本－税金及附加－销售费用－管理费用－财务费用－资产减值损失＋公允价值变动收益（－公允价值变动损失）＋投资收益（－投资损失），计算出营业利润。

利润总额＝营业利润＋营业外收入－营业外支出，计算出利润总额。

净利润（或亏损）＝利润总额－所得税费用，计算出净利润（或亏损）。

实例分析

A 公司 20×× 年"主营业务收入"账户的贷方发生额为 7 800 万元，借方发生额为 500 万元（系 20×× 年 10 月 25 日发生的购买方退货）；"其他业务收入"账户的贷方发生额为 900 万元，无借方发生额；"主营业务成本"账户的借方发生额为 5 600 万元，20×× 年 10 月 25 日，收到的购买方退货的成本为 330 万元；"其他业务成本"账户的借方发生额为 600 万元，无贷方发生额。根据上述资料，该企业利润表中的营业收入和营业成本项目金额为：

（1）"营业收入"项目金额 =7 800-500+900=8 200（万元）

（2）"营业成本"项目金额 =5 600-330+600=5 870（万元）

实例分析

E 公司 20×× 年"主营业务收入"账户的贷方发生额为 1 800 000 元，"主营业务成本"账户的借方发生额为 850 000 元，"其他业务收入"账户的贷方发生额为 600 000 元，"其他业务成本"账户的借方发生额为 350 000 元，"税金及附加"账户的借方发生额为 800 000 元，"销售费用"账户的借方发生额为 90 000 元，"管理费用"账户的借方发生额为 75 000 元，"财务费用"账户的借方发生额为 280 000 元，"资产减值损失"账户的借方发生额为 50 000 元，"公允价值变动损益"账户的借方发生额为 70 000 元（无贷方发生额），"投资收益"账户的贷方发生额为 800 000 元（无借方发生额），"营业外收入"账户的贷方发生额为 500 000 元，"营业外支出"账户的借方发生额为 260 000 元，"所得税费用"账户的借方发生额为 218 750 元。该企业 20×× 年度利润表中营业利润、利润总额和净利润的计算过程如下：

营业利润 =1 800 000+600 000-850 000-350 000-800 000-90 000-75 000-

280 000-50 000-70 000+800 000

=635 000（元）

利润总额 =635 000+500 000-260 000=875 000（元）

净利润 =875 000-218 750=656 250（元）

课堂活动4-4

1. 主题：企业净利润与利润率估算。

2. 目标：使学生掌握通过利润表快速估算企业净利润与利润率的方法。

3. 建议时间：10分钟。

4. 材料准备：企业利润表数张。

5. 活动步骤：

第一步：老师展示企业利润表；

第二步：学生快速估算企业净利润与利润率并抢答；

第三步：老师点评。

6. 总结评价：学生通过多次训练能快速掌握利润表关键数据，对企业盈利情况有整体性的把握。

任务3 看懂现金流量表

通过资产负债表和利润表，小微企业的创业者和经营者可以了解企业的经营状况和某一期间的经营成果。但是还有一些实际问题仍困扰着经营者，例如：企业在经营中增加了多少现金？虽然企业报告了经营盈利，为何现金账户上仍出现透支？购买新机器花费了多少现金？企业从哪里得到这些现金？此类问题对经营者的决策至关重要。要解决这些问题，企业的经营者还需要读懂第三张报表——现金流量表。

现金流量表主要提供有关企业现金流量方面的信息，是反映企业现金流量的动态报表，它报告一个企业在一定期间现金流入和流出情况，并报告企业在一定期间的投资和融资活动。现金流量表的结构如图4-4所示。

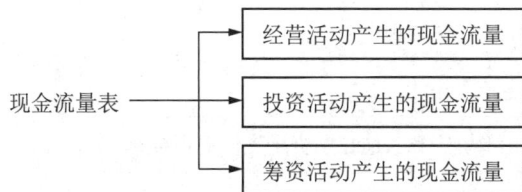

图 4-4 现金流量表的结构

一、现金流量表格式

现金流量表见表 4-4。

表 4-4 现金流量表

会企 03 表

编制单位：　　　　　　　　　　　年　月　日　　　　　　　　　单位：元

项　　目	本期金额	上期金额
一、经营活动产生的现金流量：		
销售商品、提供劳务收到的现金		
收到的税费返还		
收到其他与经营活动有关的现金		
经营活动现金流入小计		
购买商品、接受劳务支付的现金		
支付给职工以及为职工支付的现金		
支付的各项税费		
支付其他与经营活动有关的现金		
经营活动现金流出小计		
经营活动产生的现金流量净额		
二、投资活动产生的现金流量：		
收回投资收到的现金		
取得投资收益收到的现金		
处置固定资产、无形资产和其他长期资产收回的现金净额		
处置子公司及其他营业单位收到的现金净额		
收到其他与投资活动有关的现金		
投资活动现金流入小计		
购建固定资产、无形资产和其他长期资产支付的现金		
投资支付的现金		
取得子公司及其他营业单位支付的现金净额		

续　表

项　　目	本期金额	上期金额
支付其他与投资活动有关的现金		
投资活动现金流出小计		
投资活动产生的现金流量净额		
三、筹资活动产生的现金流量：		
吸收投资收到的现金		
取得借款收到的现金		
收到其他与筹资活动有关的现金		
筹资活动现金流入小计		
偿还债务支付的现金		
分配股利、利润或偿付利息支付的现金		
支付其他与筹资活动有关的现金		
筹资活动现金流出小计		
筹资活动产生的现金流量净额		
四、汇率变动对现金及现金等价物的影响		
五、现金及现金等价物净增加额		
加：期初现金及现金等价物余额		
六、期末现金及现金等价物余额		

　　考虑到对象为规模不大的初创企业，所以将表中具体项目进行简化。鉴于此类企业的特点，现金流量主要以经营活动和筹资活动产生的现金流量为主要考虑。

二、各具体项目说明及实例分析

　　（一）经营活动产生的现金流量说明

　　1. 销售商品、提供劳务收到的现金

　　本项目反映企业销售商品、提供劳务收到的现金，包括销售收入和应向购买者收取的增值税销项税额，具体包括：本期销售商品、提供劳务收到的现金，以及前期销售商品、提供劳务本期收到的现金和本期预收的款项，减去本期因销售退回的商品和前期销售本期退回的商品支付的现金。用如下公式表示：

销售商品、提供劳务收到的现金 = 本期销售商品、提供劳务收到的现金 + 本期收到的前期的应收账款 + 本期预收的款项 − 本期因销售退回而支付的现金

实例分析

X 企业本期销售一批商品，开出的专用发票上注明的销售价款为 2 800 000 元，应收账款期初余额为 1 000 000 元，期末余额为 400 000 元。另外，本期因商品质量问题发生退货，支付银行存款 30 000 元，货款已通过银行转账支付。

本期销售商品、提供劳务收到的计算如下：

本期销售商品收到的现金

加：本期收到的前期的应收账款（1 000 000−400 000）600 000

减：本期因销售退回而支付的现金　　　　　　　　　　　　　　　　30 000

本期销售商品、提供劳务收到的现金　　　　　　　　　　　　　5 970 000

2. 收到的税费返还

本项目反映企业受到返还的各种税费，如收到的增值税、所得税、消费税、关税等。

实例分析

某企业本期销售商品收到增值税销项税额41万元，收到前期应收账款增值税 6.5 万元，收到前期应收票据增值税 2.1 万元，假设没有其他情况。

本期增值税销项税额及出口退税计算如下：

本期增值税销项收到的现金　　　　　　　　　　　　　　　　410 000

加：收回前期应收增值税　　　　　　　　　　　（65 000+21 000）86 000

本期增值税销项税额及出口退税　　　　　　　　　　　　　　496 000

3. 收到其他与经营活动有关的现金

本项目反映企业除上述各项目外，收到的其他与经营活动有关的现金，如经营租赁收到的租金、罚款收入等，如果价值较大的，应单列项目反映。

4. 购买商品、接受劳务支付的现金

本项目反映企业购买材料、商品、接受劳务实际支付的现金，包括支付的货款以及与货款一并支付的增值税进项税额，具体包括：本期购买商品、接受劳务

支付的现金，以及本期支付前期购买商品、接受劳务的未付款项和本期预付的款项，减去本期发生的购货退回收到的现金。用如下公式表示：

购买商品、接受劳务支付的现金＝本期购买商品、接受劳务支付的现金＋本期支付前期的应付款项＋本期预付的款项－本期因购货退回收到的现金

实例分析

Y公司本期购买原材料，收到的增值税专用发票上注明的材料价款为150 000元，增值税进项税额为25 500元，款项已通过银行转账支付；用银行汇票支付材料价款、收到银行转来银行汇票多余款收账通知，余款2 340元，材料及运费99 800元，其相应的增值税为16 966元，购买工程用物资150 000元，货款已通过银行转账支付。

本期购买商品、接受劳务支付的现金计算如下：

本期购买原材料支付的款项	150 000
加：本期购买原材料支付的增值税进项税额	25 500
加：本期购买材料支付的价款	99 800
加：本期购买材料支付的增值税进项税额	16 966
购买商品、接受劳务支付的现金	292 266

5. 支付给职工以及为职工支付的现金

本项目反映企业实际支付给职工的现金以及为职工支付的现金，包括本期实际支付给职工的工资、奖金、各种津贴和补贴等职工薪酬（包括代扣代缴的职工个人所得税）。支付的在建工程人员的工资，在"购建固定资产、无形资产和其他长期资产所支付的现金"和"支付给职工以及为职工支付的现金"项目中反映。

实例分析

X企业本期实际支付工资500 000元，其中经营人员工资300 000元，在建工程人员工资200 000元。

X企业本期支付给职工以及为职工支付的现金为300 000元。

6. 支付的各项税费

本项目反映按规定支付的各项税费，包括本期发生并支付的税费，以及本期

支付以前各期发生的税费和预交的税金，如支付的增值税费、支付的所得税款、支付的除增值税、所得税以外的其他税费（如支付的房产税、车船使用税）等。本期退回的增值税、所得税在"收到的税款返还"项目中反映。

实例分析

X企业本期向税务机关缴纳增值税34 000元，本期发生的所得税3 100 000元已全部缴纳，企业期初未交所得税280 000元，期末未交所得税120 000元。

本期支付的各项税费计算如下：

本期支付的增值税额	34 000
加：本期发生并缴纳的所得税	3 100 000
前期发生本期缴纳的所得税额（280 000－120 000）	160 000
支付的各项税费	3 294 000

7. 支付其他与经营活动有关的现金

本项目反映企业除上述个项目外，支付的其他与经营活动有关的现金，如经营租赁所支付的现金，罚款支出，支付的差旅费、业务招待费、保险费等，如果价值较大的，应单列项目反映。

（二）投资活动产生的现金流量

1. 收回投资收到的现金

本项目反映企业出售、转让或到期收回除现金等价物以外的交易性金融资产、持有至到期投资、可供出售金融资产、长期股权投资、投资性房地产而收到的现金。

实例分析

X企业出售某项长期股权投资，收回的全部投资金额为4 800 000元；出售某项长期债权性投资，收回的全部投资金额为4 100 000元，其中，600 000元是债券利息。假设没有其他情况。

本期收回投资所收到的现金计算如下：

收回长期股权投资金额	4 800 000
加：收回长期债权性投资本金（4 100 000－600 000）	3 500 000
本期收回投资所收到的现金	8 300 000

2. 取得投资收益收到的现金

本项目反映企业因股权性投资而分得的现金股利, 从子公司、联营企业或合营企业分回利润而收到的现金, 因债权性投资而取得的现金利息收入。

3. 处置固定资产、无形资产和其他长期资产收回的现金净额

本项目反映企业处置固定资产、无形资产和其他长期资产所取得的现金, 减去为处置这些资产而支付的有关费用后的净额。

处置固定资产、无形资产和其他长期资产所收到的现金, 与处置活动支付的现金, 两者在时间上比较接近, 以净额反映更能准确反映处置活动对现金流量的影响。由于自然灾害等原因所造成的固定资产等长期资产报废、毁损而收到的保险赔偿收入, 在本项目中反映。

4. 处置子公司及其他营业单位收到的现金净额

本项目反映企业处置子公司及其他营业单位所取得的现金减去子公司或其他营业单位持有的现金和现金等价物以及相关处置费用后的净额。

5. 收到其他与投资活动有关的现金

本项目反映企业除上述各项目外, 收到的其他与投资活动有关的现金, 如果价值较大, 应单列项目反映。

6. 购建固定资产、无形资产和其他长期资产支付的现金

本项目反映企业本期购买、建造固定资产, 取得无形资产和其他长期资产实际支付的现金, 以及用现金支付的应由在建工程和无形资产负担的职工薪酬, 不包括为购建固定资产而发生的借款利息资本化部分, 以及融资租入固定资产支付的租赁费。企业支付的借款利息和融资租入固定资产支付的租赁费, 在筹资活动产生的现金流量中反映。

实例分析

Y 公司购入房屋一幢, 价款为 18 500 000 元, 通过银行转账 18 000 000 元, 其他价款用公司产品抵偿。为在建厂房购进建筑材料一批, 价值为 1 600 000 元, 价款已通过银行转账支付。

本期购建固定资产、无形资产和其他长期资产支付的现金计算如下:

购买房屋支付的现金	18 000 000
加: 为在建工程购买材料支付的现金	1 600 000
本期购建固定资产、无形资产和其他长期资产支付的现金	19 600 000

7. 投资支付的现金

本项目反映企业进行权益性投资、债权性投资和购买投资性房地产所支付的现金，包括企业取得的除现金等价物以外的交易性金融资产、持有至到期投资、可供出售金融资产、长期股权投资、投资性房地产而支付的现金，以及支付的佣金、手续费等交易费用，但取得子公司及其他营业单位支付的现金净额除外。企业购买债券的价款中含有债券利息的，以及溢价或折价购入的，均按实际支付的金额反映。

企业购买股票和债券时，实际支付的价款中包含的已宣告但尚未领取的现金股利或已到付息期但尚未领取的债券利息，应在"支付其他与投资活动有关的现金"项目中反映；收回购买股票和债券时支付的已宣告但尚未领取的现金股利或已到付息期但尚未领取的债券利息，应在"收到其他与投资活动有关的现金"项目中反映。

8. 取得子公司及其他营业单位支付的现金净额

本项目反映企业购买子公司及其他营业单位购买出价中以现金支付的部分，减去子公司及其他营业单位持有的现金和现金等价物后的净额。

9. 支付其他与投资活动有关的现金

本项目反映企业除上述各项以外所支付的其他与投资活动有关的现金流出，如企业购买股票时实际支付的价款中包含的已宣告而尚未领取的现金股利，购买债券时支付的价款中包含的已到期尚未领取的债券利息等。若某项其他与投资活动有关的现金流出金额较大，应单列项目反映。

（三）筹资活动产生的现金流量有关项目的编制

1. 吸收投资收到的现金

本项目反映企业以发行股票、债券等方式筹集资金实际收到的款项净额（发行收入减去支付的佣金等发行费用后的净额）。由金融企业直接支付的手续费、宣传费、咨询费、印刷费等费用，从发行股票、债券取得的现金收入中扣除，以净额列示。

实例分析

甲企业对外公开募集股份 1 000 000 股，每股为 1 元，发行价为每股 11 元，代理发行的证券公司为其支付各种费用，共计 15 000 元，另该企业为发行股票由企业直接支付的审计、咨询费等共计 5 800 元。此外，甲企业为建设一新项目，批准发行 2 000 000 元的长期债券。与证券公司签署的协议规定：该批长期债券委托证券公司代理发行，发行手续费为发行总额的 35%，宣传及印刷费由证券公司代为支付，并从发行总额中扣除。证券公司按面值发行，价款全部收到，支付宣传及印刷费等各种费用 11 420 元。按协议证券公司已将发行款划至企业在银行的存款账户上。

本期吸收投资收到的现金计算如下：

发行股票取得的现金	1 085 000
其中：发行总额（1 000 000×11）	1 100 000
减：发行费用	15 000
发行债券取得的现金	1 918 580
其中：发行总额	2 000 000
减：发行手续费（2 000 000×35%）	70 000
证券公司代付的各种费用	11 420
本期吸收投资收到的现金	3 003 580

企业为发行股票由企业直接支付的审计费、咨询费等共计 5 800 元，应在"支付其他与筹资活动有关的现金"项目中反映。

2. 取得借款收到的现金

本项目反映企业举借各种短期、长期借款实际收到的现金。

3. 收到其他与筹资活动有关的现金

本项目反映企业除上述各项目外收到的其他与筹资活动有关的现金。其他与筹资活动有关的现金，如果价值较大的，应单列项目反映。

4. 偿还债务所支付的现金

本项目反映企业以现金偿还债务的本金，包括：归还金融企业的借款本金、偿付企业到期的债券本金等。企业偿还的借款利息、债券利息，在"分配股利、利润或偿付利息支付的现金"项目中反映，不在本项目中反映。

5. 分配股利、利润或偿付利息支付的现金

本项目反映企业实际支付的现金股利、支付给其他投资单位的利润或用现金支付的借款利息、债券利息。不同用途的借款，其利息的开支渠道不一样，如在建工程、财务费用等，均在本项目中反映。

实例分析

乙企业期初应付现金股利为 210 000 元，本期宣布并发放现金股利 500 000 元，期末应付现金股利 120 000 元。

本期分配股利、利润或偿付利息所支付的现金计算如下：

本期宣布并发放的现金股利	500 000
加：本期支付的前期应付股利（210 000−120 000）	90 000
本期分配股利、利润或偿付利息支付的现金	590 000

6. 支付其他与筹资活动有关的现金

本项目反映企业除上述各项目外，支付的其他与筹资活动有关的现金，如以发行股票、债券等方式筹集资金而由企业直接支付的审计、咨询等费用，融资租赁所支付的现金，以分期付款方式购建固定资产以后各期支付的现金等，如果价值较大的，应单列项目反映。本项目可以根据"管理费用""长期应付款"等科目的记录分析填列。

三、现金流量表的作用

现金管理已经成为企业财务管理的一个重要方面，受到企业管理人员、投资者等的关注。现金流量表的作用具体表现在以下两个方面：

（1）现金流量表有助于评价企业的支付能力、偿债能力和周转能力。

通过现金流量表，并配合资产负债表和利润表，将现金与流动负债进行比较，可计算出现金比率；将经营活动现金流量净额与净利润进行比较，可计算出盈利现金比率，从而可以了解企业的现金能否偿还到期债务和进行必要的固定资产投资，了解企业现金流转效率和效果等，便于投资者作出投资决策。

（2）现金流量表有助于预测企业未来现金流量。

通过现金流量表所反映的企业过去一定期间的现金流量以及其他生产经营指标，可以了解企业现金的来源和用途是否合理，了解经营活动产生的现金流量有多少，企业在多大程度上依赖外部资金，就可以据以预测企业未来现金流量，从而为企业编制现金流量计划，为合理节约地使用现金创造条件，为投资者和债权人评价企业的未来现金流量、作出投资决策提供必要信息。

读懂三张财务报表是了解财务知识的第一步，要想管理好小微企业的财务工作，还有必要了解财务计划和控制的相关知识。

课堂活动4-5

1. 主题：企业现金流估算。

2. 目标：使学生掌握通过现金流量表快速估算企业现金流的方法。

3. 建议时间：10分钟。

4. 材料准备：企业现金流量表数张。

5. 活动步骤：

第一步：老师展示企业现金流量表；

第二步：学生快速估算企业现金流并抢答；

第三步：老师点评。

6. 总结评价：学生通过多次训练快速掌握现金流量表关键数据，对企业现金流情况有整体性的把握，深刻理解现金流断裂带来的负面影响。

任务4 财务预算

财务预算是一系列专门反映企业在未来一定预算期内预计财务状况和经营成果，以及现金收支等价值指标的各种预算的总称，具体包括现金预算、预计利润表、预计资产负债表和预计现金流量表等内容。财务预算具有规划、沟通和协调、资源分配、营运控制和绩效评估的功能。财务预算是企业全面预算的最后一环，也是重要的一环，在企业全面预算中起着举足轻重的作用，包括的知识和内容很多，本部分从现金预算和财务报表预测两部分展开分析。

一、现金预算

现金预算又叫现金收支预算，是反映现金收支情况的预算，需要以日常业务预算和特种决策预算为依据进行编制。

现金预算的内容非常广泛，具体包括以下方面：

（一）现金预算的内容及组成

现金预算的内容见表4-5。

表 4-5　现金预算的内容

预算内容名称	具 体 说 明
销售预算	只要商品经济存在，任何企业都必须实行以销定产。因此，销售预算就成为编制全面预算的关键，是整个预算的起点，其他预算都以销售预算为基础
生产预算	生产预算是在销售预算的基础上编制出来的，其主要内容有销售量、期初和期末存货、生产量。由于存在许多不确定性，因此企业的生产和销售在时间上和数量上不能完全一致
直接材料预算	直接材料预算是以生产预算为基础编制的，同时要考虑原材料存货水平。直接材料预算的主要内容有直接材料的单位产品用量、生产需用量、期初和期末存量等
直接人工预算	直接人工预算也是以生产预算为基础编制的，其主要内容有预计产量、单位产品工时、人工总工时、每小时人工成本和人工总成本
制造费用预算	制造费用按其习性，可分为变动制造费用和固定制造费用。变动制造费用预算以生产预算为基础来编制，可根据预计生产量和预计的变动制造费用分配率来计算
产品成本预算	产品成本预算是生产预算、直接材料预算、直接人工预算和制造费用预算的汇总。其主要内容是产品的单位成本和总成本
销售及管理费用预算	销售及管理费用预算是为了实现销售预算所需支付的费用预算。它以销售预算为基础，要分析销售收入、销售利润和销售费用的关系，力求实现销售费用的最有效使用

现金预算是关于预算的汇总，由现金收入、现金支出、现金多余或不足、资金的筹集和运用四个部分组成（见表 4-6）。

表 4-6　现金预算的组成

现金预算的组成部分	具 体 说 明
现金收入	现金收入包括期初现金余额和预算期现金收入，现金收入的主要来源是销货收入。年初的"现金余额"是在编制预算时预计的；"销货现金收入"的数据来自销售预算；"可供使用现金"是期初现金余额与本期现金收入之和
现金支出	现金支出包括预算的各项现金支出。其中"直接材料""直接人工""制造费用""销售与管理费用"的数据，分别来自前述有关预算；"所得税""购置设备""股利分配"等现金支出的数据分别来自另行编制的专门预算
现金多余或不足	现金多余或不足是指现金收入合计与现金支出合计的差额。差额为正，说明收入大于支出，现金有多余，可用于偿还借款或用于短期投资；差额为负，说明支出大于收入，现金不足，需要向银行取得新的借款
资金的筹集和运用	一般作为单独内容出现，此处不进行赘述

现金预算具体内容与组成部分的关联表现在：①预计的现金收入主要是销售收入，还有少部分的其他收入，所以预计现金收入的数额主要来自销售预算。②预计的现金支出主要指营运资金支出和其他现金支出。具体包括采购原材料、支付工资、支付管理费、营业费、财务费等其他费用以及企业支付的税金等。

总之，现金预算通过对企业的现金收入、支出情况的预计推算出企业预算期的现金结余情况。如果现金不足，则要提前安排筹资，避免企业在需要资金时"饥不择食"；如果现金多余，则可以采取归还贷款或对有价证券进行投资，以增加收益。

（二）现金预算的步骤

现金预算的步骤如图 4-5 所示。

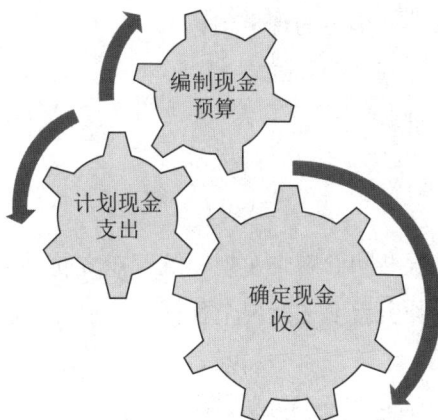

图 4-5　现金预算的步骤

（三）现金预算实例

某企业需要保留的现金余额为 6 000 元，不足数时需要向银行借款。假设银行借款的金额要求为 1 000 元的倍数。那么第二季度借款额是多少呢？

第三季度现金多余，可用于偿还借款。一般按"每期期初借入，每期期末归还"来预计利息，故本例借款期为 6 个月。假设利率为 10%，则应计利息为 600 元。用公式表示如下：

$$利息 = 12\,000 \times 10\% \times 6 \div 12 = 600（元）$$

二、财务报表预计

财务报表预计的关键是预计利润表和预计资产负债表。

（1）预计利润表是以货币的形式综合反映预算期内企业经营活动成果（包括利润总额、净利润）计划水平的一种财务预算。

预计利润表的预算需要在销售预算、营业成本预算、税金及附加预算、销售费用预算、管理费用预算和财务费用预算等日常业务预算的基础上编制。

（2）预计资产负债表预计用于总体反映企业预算期末财务状况。有了现金预算，编制一份资产负债预计表就变得很简单了。

预计资产负债表中除上年期末数已知外，其余项目均应在前述各项日常业务预算和特种决策预算的基础上分析填列。

课堂活动4-6

1. 主题：企业经营第一个月的现金预算。

2. 目标：使学生掌握现金预算的方法。

3. 建议时间：10分钟。

4. 材料准备：无。

5. 活动步骤：

第一步：老师与学生共同商定企业规模及营业方向；

第二步：学生在老师引导下进行现金预算；

第三步：老师点评。

6. 总结评价：学生通过训练进一步掌握现金预算的相关技巧，并加深对知识点的理解。

项目 11　采购管理

💡 学习目标

1. 认识采购和采购管理。
2. 了解采购的整体流程。

🔳 导入案例

齐凯的采购经

　　每一笔钱都要花在刀刃上，几乎是所有创业公司的共识。但是知易行难，房租、水电、人力等方面的日常开销经常被提到，也比较容易理解。而当说到 IT 设备采购与管理的成本时，却有很多创业公司仍旧一片迷惘。那么，IT 设备采购与管理这笔钱怎么花才合适？细分需求、优化资源配置，往往能够为创业者提供意料之外的"钱"景。

　　齐凯创办的北京筑维艺景建筑设计咨询有限公司主要从事的是建筑设计、室内装饰设计和相关的技术服务工作。处于这样一个集专业性、设计性与服务性为一体的行业内，对设备的专业化水平要求自然也不会少，而同时，作为创业公司而言，齐凯也一直在寻求如何在"差钱"的状态下平衡设备性能与成本的关系。

　　对于建筑设计公司而言，项目的设计文案与图纸是灵魂。除了计算机，打印机也是非常重要的 IT 设备。

　　齐凯简单计算了一下，仅仅一个不大的建筑项目的机构计算书，就多达几百页。而这些项目的图纸是需要打印件规范存档的，除此之外，还要报审查、项目备案、设计师和公司留底，每个项目都需要打印大量的文档。虽然数量很大的打印作业可以交付图文社完成，但日常的打印还是要在公

司里进行的。同时，建筑设计图纸对打印的精度、色彩、打印件保存的时间和条件等，都有极高的要求。打印的成本及打印原料的消耗对于公司来说是一笔不小的投入。

另外，作为建筑设计公司，最麻烦的一件事，就是携带办公文印设备外出。几乎每一个项目，齐凯和同事们都要到工地上去工作，每次出门，都要准备打印机、路由器、网线、交换机、数据线，有时还需要扫描和收发传真，带的东西几乎装满了一辆车。

从需求出发，齐凯对打印设备的性能作了明确的要求。作为一个仅有7名员工的新创企业，齐凯起初在公司里配置了3台打印机，近来，又新增了一台多功能激光一体机。

齐凯为每一台打印机功能都作了分工，以节约成本。激光打印机打印白图效果更好，打印出的图纸能够直接作为成品交付；另一台喷墨打印机价格实惠，维护成本低，可以用来打印草图；针式打印机可以用来打印发票。齐凯最新添置的多功能激光一体机，更是综合了多种功能，用于移动办公十分方便。

现在齐凯的打印机就摆放在公司办公室门口的会议桌边，节约了空间，也减少了铺设网线的麻烦。其次，用齐凯的话来说，"节约空间就相当于节约了租金"，而资金对创业企业是最重要的。

"工欲善其事，必先利其器"。齐凯说，实际上注重IT设备采购与管理可以提高工作效率与节约成本。IT设备的性能往往能够帮助企业获得更大的收益，因为现在的公司比拼的是服务。

分析问题：

1. 从案例中，你可以得到哪些启示？
2. 你对初创公司的采购还有哪些看法？

任务1　认识采购和采购管理

一、采购

采购是指个人或单位在一定的条件下从供应市场获取产品或服务作为自己的资源，以满足自身需要或保证生产、经营活动正常开展的一项经营活动。

常见的采购形式分为战略采购、日常采购、采购外包三种形式。一般来说，我们通常说的"采购"一般指日常采购。

采购在企业的管理运营中占有非常重要的地位，它是保证企业生产经营正常进行的必要条件，也是保证企业产品质量的重要环节。采购通常作为控制成本的重要手段，决定着企业产品周期的速度，也可以帮助企业了解市场的变化趋势。

二、采购管理

采购管理是为保障企业物资供应而对企业采购活动所进行的管理活动，是对整个企业采购活动的计划、组织、指挥、协调和控制活动。

在采购管理中，需要熟知以下规则：

（1）建立企业费用支出明细表。企业所有的费用都应该详细记录在一张表上，这样一方面有助于发现资金节约的机会，避免产生浪费，另一方面也有助于把企业的采购业务和行业标准进行比较，去除无效的采购操作。

（2）进行费用分析。通过费用分析，企业根据自身的购买力需要明确采购什么、谁来采购、向谁采购。通过分析，应该解决一些关键的问题，比如采购费用是多少；与同行业的其他企业相比，采购成本的高低情况；首选供应商的采购量是多少，等等。此外，通过费用分析企业也能够明确支出项目，制订相应的采购战略以降低采购成本。有一点须指出，费用分析是一个持续进行的过程，不能间断。

（3）支持战略性采购。战略性采购是任何成功采购的精髓。遵循第一、第二个规则后，要为每一项费用支出制订一个战略。企业应明确以下问题：为了节约成本、提高服务质量，企业应如何改进供应链；企业的供应需求是什么；如何制定统一采购规范，内容包括产品质量、配送、服务条款和单位成本；如何采购可替代性产品。一旦这些问题得以解决，制订出相应采购战略，企业就可以胸有成竹地与供应商谈判。同时，这也为将来评估供应商的绩效奠定了基础。

（4）从战略层面应用技术。与供应商签订合同后，企业需投资安装跟踪采购活动的软件，向供应商发送电子订货单和其他电子文件，这样既有利于减少书写错误，又能够加快订单的处理。采购软件技术能够使订货更加快速便捷，将节约出的订货时间用来完成更加重要的任务。此外，采购软件技术也能够简化企业费用分析和合同部门间信息的沟通，这样有利于同供应商建立同盟关系。换句话说，企业可以通过软件技术了解供应商是否确实在供货，以及企业员工是不是从重点供应商那里采购原材料。但要明白技术不是采购的万能钥匙。电子采购系统是十分有用的采购辅助工具，但是为了获得长期的效益，企业还需要对操作人员进行专业培训。

（5）将采购业务提升至企业发展的重要战略地位。如果得不到高层经理的认同，再好的采购计划都是没有意义的。因此，企业应思路清晰地阐明如何降低采购成本，从而赢得财务总监的认可。

（6）拟定合理计划，确保获得企业内部的支持和供应商的执行。假如企业已经明确成本节约的机会，也能够监控供应商的业务执行情况，同时高层经理也认可了采购计划，然而采购部门仍以高成本从很多供应商购买服务和产品。这种情况下，企业应该确保有适当的人员、以适当的方法激励供应商和员工。请牢记：供应商对采购计划的执行和绩效的评估负有同样重要的责任。为适应时刻变化的需求和企业间的合作关系，企业要考虑供应商所提供的产品和服务的质量及柔性，从而确定这个企业是否容易合作。

（7）改变企业员工的行为。员工参与对于一个成功的采购计划是至关重要的。因此，企业必须激励员工积极参与，使他们了解采购的作用及其对整个企业的影响力。员工的思维和行为方式必须和采购流程相一致，其态度和信念也必须符合企业的采购理念。每当企业有新的变动或者采用新技术时，员工都会感到压力。所以，开诚布公是非常重要的，要向员工解释企业进行变动的原因及其能够带来的好处，解答他们的疑问，减轻他们的压力，告诉他们如何做才对公司有利，这就是企业变动管理所面临的挑战。总之，改变企业员工的行为非常重要，因为如果员工不支持，任何计划都是纸上谈兵。

三、采购与采购管理的关系

采购和采购管理既有联系又有区别。

（一）联系

从本质上说，采购是具体的采购行为，而采购管理则是对整个采购的一种管理活动，涵盖的面更广。采购与采购管理有很多关联。

采购本身就属于采购管理的一部分，采购的具体管理工作同样属于采购管理。采购管理直接关系到具体的采购业务的每一个步骤、每一个环节，乃至每一个采购员。

（二）区别

采购与采购管理的区别在于：

（1）采购是具体的采购业务活动，是一种执行层面的活动，它所涉及的是采购员个人，所能调动的资源也只是采购部门能够支配的资源。

（2）采购管理是对整个企业采购活动的计划、组织、指挥、协调和控制活动，是一种管理活动。它面向整个企业，可以调动整个企业的资源。

简单来说，采购是采购部门的事情，而采购管理是整个公司的事情。采购部门的主管领导管理采购，而采购管理则需要由公司层面的高层领导来进行管理。

一些规模较大的企业，如大型的跨国公司或国内的大型国有企业，以及一些业务较多、管理繁杂的企业，可以设置独立的采购部门体系，并向分管采购的副总经理汇报工作。

对于一些规模大、产品种类多、原材料需求差异大、各子公司的地理位置距离远的企业，可采用较为分散的采购模式。

课堂活动4-7

1. 主题：水果超市采购计划。

2. 目标：使学生认识采购计划并初步掌握编制方法。

3. 建议时间：10分钟。

4. 材料准备：水果批发商报价单。

5. 活动步骤：

第一步：老师布置社区水果超市采购需求（提供采购时间点、价格要求、销售情况等）；

第二步：学生在老师引导下编写采购计划；

第三步：老师点评。

6. 总结评价：学生通过活动进一步了解采购计划，并掌握简单的编订技巧，同时加深对知识点的理解。

任务2 了解采购管理的内容与目标

一、采购管理的主要内容

采购管理有计划、组织实施、监控和协调四个部分的内容。

（一）计划

采购管理首要的功能是计划。没有良好的计划，也就谈不上成本控制和过程监控。要制订计划，首先需要从公司内部接受采购请求，然后进行采购决策，继而编织出采购计划。

采购计划管理是对企业的采购计划进行制订和管理，为企业提供及时准确的采购计划和执行路线。采购计划包括定期采购计划（如周、月度、季度、年度）

和非定期采购任务计划（如系统根据销售和生产需求产生的采购任务）。通过采购计划的编制、分解，再将企业的采购需求变为直接的采购任务。

（二）组织实施

编织出采购计划之后，即进入采购的具体组织实施过程。

采购计划需要下达至采购部门，由采购部门选择供应商并向供应商订货。供应商接到请求之后提供货物，公司需要将货物验收入库。

在实施过程中，还需要监督合同的签署与执行，并且对供应商的货物进行购后评价和调整，为下一次采购提供参考。

（三）监控

采购监控即采购监管与控制，其主要目的是保证采购工作的顺利完成。采购监管与控制是采购主管的重要职责，也是直线管理人员的重要职责。采购制度的主要依据是采购计划，在采购的运作过程中，实际工作与采购计划可能出现偏差，而采购监管与控制的职责就是纠正偏差的过程，采取各种措施，把符合要求的采购活动纳入正常的轨道上来，使企业稳定地实现采购的目标管理工作。

（四）协调

为了保障企业采购战略目标的达成，很多时候需要采购部门以及采购人员与企业各部门之间进行协调，通过持续地沟通对话，解决采购战略目标实现过程中的种种问题。如果没有协调，各部门各行其是，很可能会对公司的采购战略造成不利影响。

二、采购管理的目标

采购的目标可以用五个"保证"概括，具体是以下五点：

（一）保证质量

保证质量即发现或发展有竞争力的供应商，确保采购物品货真价实地满足质量方面的要求，保持并提高物品质量。当条件允许时，还应将所购物品标准化。

（二）保证数量

保证数量即确保采购物品的数量符合要求，能提供不间断的物品供应和服务，以便使整个组织正常运转。

（三）保证成本

保证成本即确保以最低的总成本获得所需物品和服务，使库存投资和损失保持最低限度，提高公司的竞争地位。

（四）保证时效

保证时效即确保采购物品来源于可靠的、能及时履行承诺的义务的供应商，使物品以准确的时间发送到准确的地点。如果采购的物品是计划实施一段时间后才被送到使用地，造成生产线中断，那么就算是以最低的价格去购买物品也不可行。

（五）保证效率

保证效率即在企业内部和其他职能部门之间建立和谐而富有效率的工作关系。在现代企业中，由于专业化程度的不断提高，如果没有其他部门和个人的相互合作，采购经理的工作就不能圆满完成。许多企业从新产品创意开始，采购部门就同营销、设计、工程技术等部门紧密合作，通过跨职能采购团队的形式作出采购决策。

课堂活动4-8

1. 主题：超市采购清单。

2. 目标：使学生认识采购以及简单询价方法。

3. 建议时间：10分钟。

4. 材料准备：水果批发商报价单。

5. 活动步骤：

第一步：老师与学生共同开设一间社区水果超市；

第二步：学生在老师引导下列出采购清单并挑选其中几项进行询价；

第三步：老师点评。

6. 总结评价：学生通过活动认识采购，并掌握相关简单技巧、加深对知识点的理解。

任务3　采购流程与采购部门的建立

一、采购流程

对于创业者来说，采购的流程是必须了解的内容，如果不了解具体的采购活动的流程，采购管理也就无从谈起。

采购的流程包括收集信息，询价、比价、议价，评估，索样，决定，请购、订购，协调与沟通、催交，进货验收及整理付款等。

（1）收集信息。这是前期工作，在接到采购计划之后，采购员需要开始收集所需采购货物的相关信息，包括本地和外地供应商名单、货物价格、供应商品牌、口碑和市占率、供应商联系方式等。

（2）询价、比价、议价。向各个供应商询问价格，并进行价格对比和"讨价还价"。

（3）评估。根据我方需求以及供应商的价格、货物品质等因素进行采购前的评估和筛选。

（4）索样。评估通过后，向部分供应商索取样品进行进一步的质量验证。

（5）决定。在进行样品验证之后决定是否采购该货物。决定采购则进行到下一步，决定不通过则需要重新从评估开始。

（6）请购和订购。决定采购之后向公司申请购买并向供应商订货。

（7）协调与沟通、催交。在订货之后需要协调本企业内部需求部门以及供应商之间的要求，并在交付不及时或有迟交危险的时候催促供应商交货。

（8）进货验收。供应商交货至企业验收入库。如不合格则需要供应商返工或者重新生产。

（9）整理付款。收货之后依照合同进行付款，双方钱货两讫。

二、采购部门的建立

作为企业的重要职能部门，创业者需要了解如何建立采购部门。

在组织架构上，采购部门有可能属于生产、行政、资材等部门。如果是规模较小的企业，可以考虑设置单一的采购部门并直接向总经理汇报工作。

采购部门需要招聘一名部门主管以及数名采购工程师、采购员。

（一）采购主管的主要职责

采购主管的主要职责是：

（1）新产品、新材料供应商的寻找、资料收集及开发工作。

（2）对新供应商品质体系状况（产能、设备、交期、技术、品质等）的评估及认证，以保证供应商的优良性。

（3）与供应商的比价、议价谈判工作。

（4）对原供应商的价格、产能、品质、交期的审核工作，以确定原供应商的稳定供货能力。

（5）及时跟踪掌握原材料市场价格行情变化及品质情况，以期提升产品品质及降低采购成本。

（6）采购计划编排、物料订购及交期控制。

（7）部门员工的管理培训工作。

（8）与供应商以及其他部门的沟通协调等。

（二）采购工程师的主要职责

（1）主要原材料的估价。

（2）供应商材料样板的品质的初步确认。

（3）材料样板的初期制作与更改。

（4）替代材料的搜寻。

（5）采购部门有关技术、品质文件的拟制。

（6）与技术、品质部门有关技术、品质问题的沟通与协调。

（7）与供应商有关技术、品质问题的沟通与协调。

（三）采购员的主要职责

（1）订购单的下达。

（2）物料交期的控制。

（3）材料市场行情的调查。

（4）查证进料的品质和数量。

（5）进料品质和数量异常的处理。

（6）与供应商有关交期、交量等方面的沟通协调。

（四）招聘人员的要求

总的来说，采购部门的人员要求需要专业、廉洁、诚信、干练。具体要求如下：

1. 较强的工作能力

采购是一项相当复杂，而且要求很高的工作，采购员应具备的基本工作能力也相当的多样化。采购员必须具备较高的分析能力、预测能力、表达能力和专业知识水平。

2. 一定的知识与经验

采购员特别是管理人员至少应具备专科以上的学历，因为接受过正式专科以上教育训练的学生，其所具备的专业知识与技巧较能符合采购工作的需求。除此之外，采购员最好具有商学知识，如企业管理、流通业管理、流行商品或行销等科系，并以曾修习过商品资讯、统计、行销、业务人员管理等知识的人员尤佳。

3. 良好的品德

采购员必须具备廉洁、敬业的良好品德。采购员所处理的"订单"与"钞票"并无太大的差异，因此难免被唯利是图的供应商所包围。无论是威逼还是利诱，采购员都必须廉洁，维持"平常心""不动心"。若是牺牲公司权益，为他人或自己谋利，终将误人误己。重利忘义的人，是难以胜任采购工作的。

"缺货或断货"实际上是采购人员最大的失职。造成短缺的原因固然很多，若采购人员能有"舍我其谁"的态度，对采购所需的物料高度负责，则企业的损失将会大大减少。

课堂活动4-9

1. 主题：紧急入库。

2. 目标：了解货物采购入库的标准，增强沟通及解决实际问题能力。

3. 建议时间：20分钟。

4. 材料准备：入库标准、货物情况若干，准入判定卡（是/否）。

5. 活动步骤：

第一步，每2～4名同学分成一组，每一组同学中，老师扮演供应商（目标：尽早入库），1～2名同学扮演品质管理部门（目标：判定是否放行），1～2名同学扮演采购员（目标：尽早入库）；

第二步，每一组同学抽出一类货物情况。供应商将货物情况告知采购员（可能有所隐瞒或淡化严重程度），在货物需求部门（需求紧急）和供应商的施压下，尝试与品质管理部门沟通；

第三步，老师宣布正确结果（是否放行）。

6. 总结评价：让学生了解作为采购员，在特殊情况下如何掌握品质与紧急程度之间的平衡。

项目 12 价格管理

💡 **学习目标**

1. 认识定价的重要性，了解定价方法。
2. 掌握毛利润和净利润的计算方法。

🧊 **导入案例**

超越价格战的微信营销

一次偶然的机会，李思达看到了微信商城的商机，这也让他后来成为微信商城的一位营销大咖。

"同学你好，这是你订的'舌尖上的童年'大礼包，下周我们还有新产品推出，记得关注我们的微信公众号哦！"很难相信，这个长得高高胖胖、裤子上每个口袋都能掏出一把毛票的"送货小哥"，是广西大学的免费移动购物平台——易易商城的创办者李思达。易易商城，主要销售日用品和各类零食，面向全校师生，上线一个半月，商城便累计粉丝9 700多名，实现最高日销售196笔。

一、用价格吸引粉丝

在粉丝原始积累阶段，李思达选择了价格战。易易商城在开业之后很长一段时间，都是在"赔本赚吆喝"。当时商城在售商品总共63类，定价维持在实体店8折的水平。"最多的时候亏了2万多元。"对于价格战带来的亏损，李思达记忆犹新，不过最初他就做好了赔钱的心理准备。幸运的是，原本计划用3个月时间完成粉丝原始积累的目标，一个半月就已经成功实现了。

二、利用热点做活动

六一儿童节是小孩子的节日，易易商城却面向大学生和老师们卖起了大白兔奶糖、跳跳糖等，使同学们集体回忆起舌尖上的童年味道。

易易商城针对六一儿童节推出了童年大礼包，主要有大白兔奶糖、小浣熊干脆面、跳跳糖等。这些零食存在于不少"80后""90后"的童年记忆中，但在广西的市面上已经很难找到，该大学生团队只能从广州或者礼品市场采购。

购买方式也很简单，师生们通过微信回复"商城"，登录任意专区就能购买，也可以通过QQ联系、拨打电话直接下单购买。几天时间，该大学生团队售出的童年大礼包就达3 000份之多。"童年大礼包"的销售额不但填平了易易商城之前的亏损，还为他的团队带来了1万多元的盈利。

三、客户体验是关键

回顾易易商城的创业过程，李思达坦言，互联网营销主要依靠与客户之间的互动交流，因此，要先建立起信任的关系，再展开消费行为。因此，在易易商城的经营中，李思达重视每一个与客户联系的环节，从不断地实验以得到最有效的信息推送时间，到努力寻找到最有特色的推送内容，从微信平台上对客户每一条留言的精心回复，到坚持独自送货，与客户面对面交流的原则，每天的奔波，让他和很多客户都成了关系不错的朋友。

分析问题：

1. 李思达对商品的定价起到了什么作用？

2. 如果你有一个社区零售项目，你会采用什么样的价格策略？

任务1　了解定价

一、定价以及定价的重要性

（一）定价

定价是市场营销学里最重要的组成部分之一，主要研究商品和服务的价格制定和变更的策略，以求得营销效果和收益的最佳。

（二）定价的重要性

定价的重要性主要体现在三个方面：

（1）价格直接影响了客户的接受程度和购买意愿。

（2）价格影响和决定了企业的竞争实力。

（3）价格决定了企业的盈利水平。

二、定价方法

（一）成本导向定价法

成本导向定价法是以产品单位成本为基本依据，再加上预期利润来确定价格的定价方法。

（二）需求价格弹性

需求价格弹性是商品的需求对于价格的变动的反应。如果价格发生微小变动，需求量几乎不动，则称这种商品需求无弹性；如果价格的微小变动使需求量变化较大或很大，则称需求有弹性。

（三）竞争导向定价法

竞争导向定价法是企业通过研究竞争对手的生产条件、服务状况、价格水平等因素，依据自身的竞争实力，参考成本和供求状况来确定商品价格的定价方法。

（四）需求导向定价法

需求导向定价法也叫市场导向定价法、顾客导向定价法。这是一种根据市场需求状况和消费者对产品的感觉差异来确定价格的方法。

（五）撇脂定价

新产品初上市，定以高价格，在短期内获得厚利，尽快收回投资。就像从牛奶中撇去其所含奶油一样，取其精华，故称为"撇脂定价"。

（六）渗透定价

新产品初上市时，定以较低价格，以获得最高销售量和最大市场占有率为目标，称为"渗透定价"。

（七）价格折扣和折让

为鼓励顾客及早付清货款，大量购买或淡季购买，企业酌情调整其基本价格，这种价格调整被称为价格折扣和折让。

（八）认知价值定价法

认知价值定价法是主要依据消费者在观念上对该产品所理解的价值来定价的方法。

课堂活动4—10

1. 主题：培训机构课程定价。
2. 目标：使学生了解定价策略及定价方法。

3. 建议时间：10 分钟。

4. 材料准备：周边培训机构报价单。

5. 活动步骤：

第一步：老师和学生在某小学旁共建一家儿童艺术培训机构；

第二步：老师展示小学周边其他培训机构课程报价以及家长的心理价位。学生在老师引导下讨论课程定价；

第三步：老师总结、点评。

6. 总结评价：学生通过活动了解商品或服务的定价，并初步掌握定价所需要考虑的因素。

任务2　毛利润与净利润计算

一、毛利润与净利润

毛利润是一个在商业、实业企业中根深蒂固、约定成俗的概念，但也是一个可以自定义的概念。在利润区间的划分上并没有统一、清晰的定义。

净利润（收益）是指在利润总额中按规定缴纳了所得税后公司的利润留成，一般也称为税后利润或净利润。净利润的计算公式为：净利润＝利润总额－所得税费用，净利润是一个企业经营的最终成果，净利润多，企业的经营效益就好；净利润少，企业的经营效益就差，它是衡量一个企业经营效益的主要指标。

简单来说，毛利润就是粗略估计的利润值，通常用于销售时对利润的预估，以决定是否投资。而净利润则是企业真正的、精确的利润值，通常用于管理、审计等方面。

二、毛利润的计算

毛利率的变化与多种因素有关，是销售收入与产品成本变动的综合结果。当经济形势发生变化、产品成本上升时，产品售价往往难以及时随之调整，从而表现为毛利率的下降；如果企业通过改善经营管理、加强技术改造等措施降低了产品成本，则相应地表现为毛利率的上升。企业产品结构变化对毛利率也产生很大的影响。当企业由生产微利产品转向生产高利产品时，毛利率将显著上升，从而增加净利，提高投资者的报酬率。其计算公式如下所示：

$$主营业务利润（毛利润）= 主营业务收入 - 主营业务成本 \\ - 主营业务税金及附加$$

三、净利润的计算

净利润（收益）是预计未来现金流量的基础。未来现金流量的估计是通过现金预算的编制进行的，现金预算是保证现金收支管理的重要工具。其中净损益调整法是现金预算编制的重要方法之一。它是以预计损益表中按权责发生制原则确定的净收益作为现金编制的出发点，通过逐笔调整处理各项影响损益和现金余额的会计事项，把本期的净收益调整为现金净流量的方法。

现金流量与净收益的差异，可揭示净收益品质的好坏。收益品质是对企业净收益与现金流量之间的差异程度予以反映的一个概念。一般而言，净收益与现金流量之间的伴随关系越强，表明企业的净收益品质越好。即净收益与现金流量之间的差异（数量上，时间分布）越小，说明净收益的收现能力越强。收益品质越好，企业的流动性和财务适应性就越强。

综上所述，净收益是预计未来现金流量的基础，而现金流量与净收益的差异程度又可揭示净收益的品质好坏。随着市场竞争的日趋激烈和资本市场的不断完善，企业经营活动的不确定性和风险将不断增加。这些都会促使企业管理当局、与企业有利益关系的外部集团和个人，日益关注企业现金流量信息及创收现金的能力。现金流量及相关问题的研究，也将日益受到人们的重视。净利润的计算公式如下：

$$净利润 = 利润总额 - 所得税费用$$

课堂活动4-11

1. 主题：培训机构利润的计算。

2. 目标：使学生了解利润估算方法。

3. 建议时间：10分钟。

4. 材料准备：培训机构收支清单。

5. 活动步骤：

第一步：老师展示培训机构的成本、周边培训机构招生人数；

第二步：学生预估招生情况并评估利润；

第三步：老师总结、点评。

6. 总结评价：学生通过活动掌握利润算法，加强利润意识。

项目 13　促　销

学习目标

1. 了解促销策略。
2. 掌握促销执行及效果评估方法。

导入案例

五个大学生，开了一家奶茶店

浙江越秀外国语学院传播专业的小瞿结束了四年的大学生活，但毕业后的他没有像其他同学那样到处投简历。因为，他选择了自主创业开一家奶茶店。

小瞿的奶茶店非常简朴，甚至没有店名，外墙铺满了纯黑的瓷砖。一进店门，小瞿便和柜台内的年轻人打了个招呼。"这是我和几个朋友在大学时合资开的。当时决定自主创业的时候也迷茫过，幸好有志同道合的朋友一起努力，现在我觉得我当时的选择很正确。"

小瞿非常乐于跟他人分享他在大学时期的创业经历。他说："当时是大三，学校的课程比较少，可以支配的时间比较多。我不喜欢闷头看书，又觉得不应该把时间浪费在打游戏上，就打算出去找找兼职，赚点零花钱。后来就到奶茶店里当学徒。"小瞿说，他一边工作，一边学习各种奶茶的制作方法，心里产生了也开一家奶茶店的想法，并开始着手准备。

"我找到了这个店面。我把想法跟同学、朋友们一说，再把他们带到实地看了一圈，第二天就有人告诉我，想和我一起合资开店，还有人拉上了外校的学生，一共有 5 个合伙人。开店的启动资金在 7 万元左右，我是发起人，就主动出了一半。大家齐心协力，很快这家奶茶店就开起来了。"

"一开始，我也没想过盈利，店里的顾客大多是我们的朋友，附近还有几家奶茶店，竞争挺激烈的。开店前半年，店铺租金和其他成本加在一起，总共消耗了4万多元的资金，卖奶茶赚的全部的利润填进去都不够。当时是真的不想继续干下去了，想着趁还有点本钱退出来，不能让朋友们也跟着我一起亏本。幸运的是，我的朋友们都很支持我，大家便开始一起想办法。奶茶店周围都是大学，我们便先往大学城里发外卖传单。我们买了一辆电瓶车，自己当外卖小哥，30元起免费送，无需配送费。慢慢地，奶茶店站稳了脚跟，并开始能够赚点小钱了。"不过，跟小瞿的投入相比，获得的利润还是非常少。所以，他本来打算毕业时就把店转让出去。

小瞿走出奶茶店。他指着周围的数家网吧说："这些都是我的合作单位。"一次，小瞿去奶茶店附近的网吧玩游戏，口渴了就想叫杯奶茶，哪知道网吧前台只提供矿泉水。当时小瞿的脑中就冒出了一个点子。小瞿便跟周边几个网吧合作，为网吧提供饮料，一来二去，顾客的数量就上去了。"现在我们可以做到用上半年的利润预付下半年的租金，下半年赚到的就是纯利润了。我们估计今年下半年大概有8万元的利润。"

分析问题：

1. 小瞿采用了什么样的促销方式？
2. 你还能为奶茶店设计哪些促销方式？

任务1 促销策略

一、促销策略

促销策略是市场营销组合的基本策略之一。促销策略是指企业如何通过人员推销、广告、公共关系和营业推广等各种促销方式，向消费者或用户传递产品信息，引起他们的注意和兴趣，激发他们的购买欲望和购买行为，以达到扩大销售的目的。

企业将合适的产品在适当地点、以适当价格出售的信息传递到目标市场，一般是通过两种方式：一是人员推销，即推销员和顾客面对面地进行推销；另一种是非人员推销，即通过大众传播媒介在同一时间向大量消费者传递信息，主要包括广告、公共关系和营销推广等多种方式。这两种推销方式各有利弊，起着相互补充的作用。此外，目录、通告、赠品、店标、陈列、示范、展销等也都属于促销策略的范围。一个好的促销策略，往往能起到多方面的作用，如提供营销信息，及时引导采购；激发购买欲望，扩大产品需求；突出产品特点，建立产品形象；维持市场份额，巩固市场地位；等等。

二、促销策略的分类

根据促销手段的出发点与作用的不同，可将促销策略分为两种。

（一）推式策略

推式策略即以直接方式，运用人员推销手段，把产品推向销售渠道，其作用过程为：企业的推销员把产品或劳务推荐给批发商，再由批发商推荐给零售商，最后由零售商推荐给最终消费者。

该策略适用于以下几种情况：

（1）企业经营规模小，或无足够资金用以执行完善的广告计划。

（2）市场较集中，分销渠道短，销售队伍大。

（3）产品具有很高的单位价值，如特殊品、选购品等。

（4）产品的使用、维修、保养方法需要进行示范。

（二）拉式策略

拉式策略即采取间接方式，通过广告和公共宣传等措施吸引最终消费者，使消费者对企业的产品或劳务产生兴趣，从而引起需求，主动去购买商品。其作用路线为：企业将消费者引向零售商，将零售商引向批发商，将批发商引向生产企业。

该策略适用于以下几种情况：

（1）市场广大，产品多属便利品。

（2）商品信息必须以最快速度告知广大消费者。

（3）对产品的初始需求已呈现出有利的趋势，市场需求日渐上升。

（4）产品具有独特性能，与其他产品的区别显而易见。

（5）能引起消费者某种特殊情感的产品。

（6）有充分资金用于广告。

三、促销方法

很多时候，一个战役胜利的关键不是单一的两军对垒，而是战争前的预警系统。对促销战来讲，也是如此，因此，企业要建立准确、快捷的促销竞争信息系统，及时发现竞争对手的促销动向。越早发现，就能越早采取措施，结果就会越主动。我们可以从以下几个方面构建信息的预警系统：

（一）收集竞争对手内部情报

竞争对手如果要发动促销活动，一定会提前进行促销筹备工作。因此，其企业内部相关的销售部、市场部肯定会提早进行准备工作。所以，一定要跟竞争对手的内部人员或其下家客户建立良好的关系，经常与其进行沟通，以此建立促销竞争信息的反馈系统。

（二）关注经销商的动向

竞争对手做活动时，其合作伙伴及渠道商肯定会得到活动通知，或者接受了促销活动的培训。事实上，一些渠道商此时都在抢夺资源，这样才会有机会。因此，一些信息很容易被透露出来。

（三）了解终端细节动态

针对渠道促销，主要是着力于鼓励、拉动渠道和终端的进货量。因此，通过渠道和终端的提货量就可以略知一二。

（四）留意终端店面变化

针对消费者的促销，主要的目的是推动消费者消费。因此，一定会在店内使用宣传物料，而宣传物料就是了解竞争对手的消费者促销活动方式的最佳途径。实际上，竞争对手的所有行动，绝对不会是无声无息的，一定会在渠道、终端上有所表现，只要平时留心，就很容易掌握其端倪。

（五）维护促销员的关系

主动接触竞争对手的促销人员，打探其公司短期内的促销活动安排状况。

（六）熟知媒体及广告公司

许多大型的促销活动往往要配合媒体的宣传，按照常规，无论电视还是报纸的宣传计划，都得提前申报安排。那么，在竞争对手进行相关的广告宣传案上报过程中，其代理广告公司和媒体的广告部门就能获知相关信息。

（七）打探物流公司的业务

竞争品牌在当地无论是直营还是交给经销商做，仓储、运输、装卸等物流环节都必不可少，而一般仓储运输公司不会在意对客户储运量数据的保密，有的甚至就直接将相关资料挂在办公室里，通过他们也能获知竞争对手要进行促销活动。

（八）走进文印店

许多企业的驻外分支机构基本都会有定点的文印店。为节省时间，数量较大的打印、复印工作，或是复杂一些的图形表格制作，都会拿到这些文印店做，提前稍作安排，获取资料易如反掌。需要注意的是，对于收集来的信息，一定要进行专业分析。有促销活动管理经验的专业人员能够根据各方面反馈的信息，推测竞争对手的促销活动策略，判断促销活动的主要内容（包括时间、范围、促销产品、促销方式、大致预算等），形成基本应对策略。

课堂活动4-12

1. 主题：培训机构的开业促销。
2. 目标：使学生了解促销策略的制订方法及重要考量点。
3. 建议时间：10分钟。
4. 材料准备：无。
5. 活动步骤：
第一步：老师介绍培训机构的基本情况。
第二步：学生头脑风暴促销方式，老师选出部分与学生一起讨论、论证。
第三步：老师总结、点评。
6. 总结评价：学生通过活动了解促销策略的制订方法，并初步掌握促销所需要考虑的因素。

任务2　促销执行与效果评估

一、促销的执行

再完美的方案如果没有强有力的执行力作为保障，最终也只能是水中月、镜中花。那么在促销的执行阶段要注意哪些问题呢？这主要从促销的前期、中期、后期来控制。

（一）促销前

（1）出货单及发票价格是否变更。（内勤）

（2）是否已准备促销商品品项数量。（内勤）

（3）首单的配送是否于促销前到位。（物流）

（4）是否确认促销海报的价格。（促销协议）

（5）是否已告知导购人员促销活动。（导购培训）

（二）促销中

（1）促销商品的电脑价格是否已变更。（采购）

（2）现场价格牌是否为促销价格。（门店）

（3）陈列位置及排列是否确认。（采购及门店）

（4）随时了解销售状况及安全库存量是否足够。（活动效果跟踪）

（5）是否已做好促销品项陈列及美化。（导购）

（6）确保赠品按照促销规定准确捆绑到位。（导购）

（7）促销紧急预案。（以防万一）

（8）促销末期促销品项的安全库存。

（三）促销后

（1）确认现场价格变回正常价。

（2）确认电脑价格变回正常价。

（3）盘点促销后库存量。（快速补差）

（4）财务及时核销。

（5）促销总结及评估。（科学依据）

在终端促销的执行过程当中，对促销效果产生直接影响的因素有以下几方面：

（1）终端资源是否落实到位？（端堆的位置是否最佳）

（2）促销品项的库存是否合理？（促销品项安全库存管理）

（3）赠品是否进店或展示？（助销的管理）

（4）人员是否培训到位？（人员的培训与管理）

（5）广告宣传（POP）是否到位？（正确的促销信息告知）

针对促销环节容易出现的问题，为了有效提高终端促销的执行力，业务人员在巡场的时候要注意以下几方面的问题：

（1）正确的产品组合。是否是我们正在进行的促销产品？

（2）正确的形式。促销形式是否正确，产品陈列形式是否正确？

（3）正确的面位。产品陈列面位是否是促销协议中规定的？

（4）正确的位置。终端促销资源的检查。

（5）正确的助销工具。助销工具是否有助于增加销量？

（6）正确的信息传达。直邮广告、店内广告的书写。

（7）正确的促销活动信息。以正确的方式传达给消费者。

（8）正确的销售价格。特价有无破价？

二、促销效果的评估

促销效果评估包括事前评估、事中评估和事后评估。评估方法包括前后比较法、市场调查法和观察法。企业在实施评估时，要确定评估目标，制订评估策略，执行评估方案，注意评估周期，建议采取短期、中期相结合的方法，保证效果评估合理、公平，做好促销费用的计算。

促销评估需要考虑的主要问题有以下几点：促销前的目标完成情况如何；相关人员的工作是否达到要求；人员之间的配合是否默契；物料的配置是否到位，是否起到了理想的效果；物料的发放是否按促销前的要求；这次促销活动哪些地方做得很好，我们以后继续发扬；哪些地方做得不足，在以后的工作中如何避免；只有全面总结这些促销过程中的得与失，才能使每次促销活动都比之前更上一层楼。促销活动效果的评估是个非常重要的阶段，它不是在促销活动结束时才开始，而是贯穿于促销活动的整个过程，同时为今后促销活动提供科学的依据。评估活动基本分以下四个方面进行：

（1）活动所设定目标的达成。

（2）活动对促销的影响。

（3）活动的利润评估（费用控制）。

（4）品牌价值的建立。

提高终端促销效果的有效手段就是要提高促销的执行力，加强各个环节的监督和控制，提高各级人员的执行力，在活动方案策划阶段要做到周密策划、大胆创意，在活动沟通培训环节要做到耐心沟通、细心引导，在活动执行阶段要做到严格检查、雷厉风行，在活动总结评估阶段要做到知己知彼、百战百胜。

课堂活动4-13

1. 主题：促销效果评估。

2. 目标：使学生了解促销效果的评估方法。

3. 建议时间：10分钟。

4. 材料准备：无。

5. 活动步骤：

第一步：老师介绍培训机构的促销成本以及带来的销售增量。

第二步：学生计算并讨论促销效果。

第三步：老师总结、点评。

6. 总结评价：学生通过活动了解和掌握促销效果的评估方法。

项目 14　营销推广

💡 **学习目标**

1. 认识初创企业常用的各类营销推广方式，尤其是网络营销推广。

2. 了解 IM 推广、论坛推广、软文推广、搜索引擎推广、电话营销等各类线上及线下营销推广方式的技巧和方法。

导入案例

这个校园创业项目你不容错过

只需动动手指呼叫"菜小二"，就能吃到各种组合的新鲜水果，还提供免清洗、免切服务。头戴"小二帽"，脚踏摩托车穿梭于各个宿舍楼之间，"菜小二"团队成员为学生送去了价廉质优的水果。

姜军和王健乐是"菜小二"项目的两个股东，创业时是重庆邮电大学经济管理学院管理科学与工程专业的研究生，"菜小二"的创业想法来自这两个合伙人一次在实验室的聊天。王健乐告诉姜军自己想做社区生鲜蔬菜配送，这一下激起了姜军的兴趣，与王健乐不同，姜军想做高端写字楼的生活服务配送。但经过反复思考和综合调查后，这个想法他们并没有付诸实践。

之后两人正式决定一起创业，两人先对市场进行了分析。因为对学生市场很熟悉，他们便将目标最终锁定在重庆邮电大学，专做水果的销售和配送。项目确定后，他们开始着手组建团队，他们找来一批大学实验室里的技术"达人"，做网站、App、互联网平台的技术研发、运作，还划分了事业群、前端、后台、产品、游戏等。重庆邮电大学附近的一个80多平方米的套间是他们的创业基地。

"菜小二"团队约有20人，从研究生到本科生，聚集了计算机、经管、传媒、通信、软件等专业的各大"牛人"。想吃水果，吃两个太多，吃一个不过瘾，想吃多种水果，又怕每一样都买点，吃不完容易坏，去买路边的拼盘水果，又担心卫生问题的现状困扰了很多大学生，这让这个团队看到了商机。

一开始，他们配送的水果都来自批发市场。创业之初，因为每天的订单量不算大，水果只能一件一件地拿，当水果店老板知道他们是大学生创业时，就决定给这几个小伙子免费配送水果。如今，"菜小二"已日渐发展成熟。

"第一年，我们主要解决物流的问题。我们已经在校园租下一个实体店进行售卖，同时作为学生网购的自提点。"团队还打算建设"菜小二"的微信订阅号。"菜小二"也在尝试与学校和企业合作，为学校会议、企业的餐饮会提供水果定制服务。

除了电商业务，"菜小二"还有一个"SOFT研究院"，主要是负责App外包的业务，此外还有一个"0.01设计室"，主要涉及海报设计、广告牌制作等业务。这两部分业务贡献了30多万元的营业额，这些资金都会成为"菜小二"未来拓展的资金。"电商市场竞争很激烈，而'菜小二'目前的定位是走高校路线。我们计划把'菜小二'的模式复制到重庆市的各大高校，类似于大学联盟。"

在团队设想的"菜小二"蓝图里，首先是顺利走入各大高校，然后才是向中小学、社区建点发展，立志于做水果速递O2O网站，梦想成为生鲜电商大亨。姜军说："我们正努力成为全国高校的水果专家，要让所有读过大学的人都吃过'菜小二'。"

问题分析：

1. 口碑传播在"菜小二"的推广中起到了什么作用？
2. 如果由你来为"菜小二"设计营销方案，你会从哪几个点入手？

任务1　IM推广

一、IM及IM推广

IM是Instant Messaging的缩写，意思是即时通信。IM推广就是以各种IM工具为平台，通过文字、图片等形式进行宣传推广的活动。

目前国内常见的IM工具包含QQ、微信、淘宝等，其中以QQ、微信的市场占有率最高，平常做 IM 推广时，基本上都是以 QQ 或微信为主，后文中的"软文推广"也是微信公众号上常见的营销方式。本部分内容主要以 QQ 和微信为例进行分析。

二、QQ 推广

（一）QQ 推广特点与适用范围

QQ 是目前使用人数最多的 IM，它具有非常明显的利于推广的特性，其用户群体庞大，可以精准推广、易于操作、成本低廉，具有可持续性、推广效率高等特点。

虽然 QQ 推广的适用性高，但是针对不同的企业与产品，效果肯定会不一样。下列几种类型适合 QQ 推广：①特定人群推广；②固定人群推广；③低流量指标；④有针对性的项目。

（二）QQ 推广技巧

（1）QQ 设置技巧。

① 头像设置技巧。首先，QQ 头像一定要有特色，最好能够让人一眼记住。其次，头像要正规、稳重，给人以信任感，突出亲和力。

② 昵称设置技巧。同 QQ 头像的原理一样，昵称也要正规、稳重、有特色，要朗朗上口、便于记忆，且要突出信任感和亲和力。昵称一般都以实名为主，因为实名本身即象征着诚信，实名将极大地增加客户对你的信任，且有助于提高个人品牌的影响力与知名度。

③ QQ 资料设置技巧。QQ 资料设置得越丰富、越详细，给人的感觉就越真实、越可靠，如年龄、地区、职业、个人说明等。资料越多越好，但是切记，信息要真实，资料内的语言表达也应该规范。

④ 排名设置技巧。我们可以通过采用开通会员、设置状态、加特殊字符等方式优化排名。ⓐ会员的排名要高于普通号码，名字还会加红，看起来更醒目。ⓑ将 QQ 状态设置为"Q 我吧"同样会使名字更优先。ⓒ在名字前加特殊字符，因特殊字符的优先级高于普通字母，排名自然会提高。

（2）QQ 沟通技巧

① 要慎用语气助词。使用 QQ 聊天时，要慎用语气助词。要少使用如"呵呵"一类的语气助词。

② 不要乱用称呼称谓。中国人非常讲究称谓，所以使用称谓要谨慎，不能乱称呼别人，或是称呼中带有贬低的意思。如在称呼自己的客户时，不要用"小"字，如小王、小张、小李、小丽，等等。

③ 用语要礼貌。聊天时要注意语言规范，不能说一些不友好的话，或是让别人误以为在轻视、侮辱对方的话，这样才能保持沟通的顺畅。

④ 聊天速度要适当。注意打字速度和回复速度要适中，不能过快，也不能过慢。

⑤ 要找准沟通的时机。通过 QQ 沟通或推广时，时机的选择很重要，千万不要看到对方在线就留言。

总之，在交流过程中要多考虑对方的感受，多尊重对方。只有尊重别人，别人才能尊重自己；只有为别人着想，别人才能为自己着想。

（3）寻找优质的目标 QQ 群

要想找到优质的目标 QQ 群，有两种方式，第一种是加群，第二种是建群。

① 加群。应当尽量加高级群或是超级群，普通群能不加则不加；要及时修改群名片，将群名片中加上要推广的信息。但要注意，不能因此而引起其他人的反感。

② 建群。尽量多建高级群，所建群要主题鲜明；自建的群，可以在群名称前加一个有针对性的标志性的词；保持群内男女比例适当；注意提升群排名；坚持"一群一阵地""先建感情，后推广""具体到人"的原则；广告应该"少而精"，并且要以软性广告为主；要注意找准时机。

三、微信推广

微信重新定义了企业品牌与用户之间的交流方式，为企业开辟了"电话式"的营销通路。微信推广包含建群推广、朋友圈推广等，部分内容和 QQ 有类似的地方。下面重点讲微信朋友圈的推广方法。

微信朋友圈是微信推广中不可欠缺的一部分。微信朋友圈营销可以分为以下几步。

（一）明确定位

必须明确微信朋友圈是用来做什么的，如建立品牌、销售产品、营销服务等。

（二）设置昵称

实名是一种比较好的方式，能让人能很快产生信任感。如果不实名，最好也使用能反映个人个性的昵称。特别注意这里不是企业的品牌调性，因为只有让客户觉得是一个活生生的人才能产生信任感，而不是一个有距离感的品牌。因此，最好不要用某某产品、某某代购、某某包包作为昵称，这样只能在熟悉的人之间进行传播，无法让陌生人建立信任，甚至好友都加不上。

（三）设置头像

找准客户群体，根据客户群体的喜好，选择一个能够吸引这类群体的头像。如果不确定客户群体的爱好，可以从亲朋好友中选出目标客户并询问他们的看法。

（四）设置好微信朋友圈背景墙

背景墙是一个容易被人忽视的细节。背景墙同样要从客户群体出发进行设置。

背景墙最好尽量弱化广告，选择能够展现出一个有个性、有亲和力、值得信赖的人的图片，将"人"的可信度传导给客户。

（五）做好内容定位

设计好了名称、头像和背景墙，接下来就要发布内容了。通常来说，不要发低俗等触碰底线的内容。此外，抱怨或成功励志类的内容很难触动他人的心灵，最好也不要发。

内容的核心与昵称、头像和背景墙的设置是一致的，就是建立起一个让人信任的"人设"。我们需要通过朋友圈这个平台告诉别人，我们是谁、是什么样的人、是做什么的，通过朋友圈进行传递，从而让有这方面需求的人很快找到我们。

除了做好文案和找客户、服务客户，和客户的互动也很重要。微信为我们提供了一个与客户近距离接触的空间。每天去点赞、评论客户所发布的朋友圈动态，就能够大大拉近与客户之间的距离。

四、短视频推广

短视频是现在最流行的推广方式之一，下面主要以抖音为例介绍短视频推广的技巧，其他短视频平台可以进行参照。

（一）短视频的定位

短视频定位一定要精准，必须保持鲜明的特色，才能让人印象深刻，而不至于被淹没在海量的信息中。每个平台都把意见领袖划分为不同领域，用数十种标签进行区分。越是垂直细分的账号，越能得到平台的重视和持续推送。

（二）用户的定位

调查显示，抖音的用户以18—30岁的青年人为主。如何结合产品本身的调性和特点，在庞大的年轻群体中吸引到真正的用户，围绕用户来打造让他们喜欢的内容，是一项非常重要的工作。

（三）团队组建

在做好用户的定位之后，便可以开始组建抖音团队了。一般来说，一个成熟而有效率的团队应当包含创意、拍摄、剪辑、互动、转化等各个环节的人员。

（四）跟随平台算法的实施策略

抖音的算法规则是为新制作的视频统一分配观众，即"初始流量池"。如果获得首批观众认可，则可被推荐到更大的流量池，而如果表现不佳就会被停止推荐。

因此，初期的高转发率、高评论量、高点赞量是很重要的。此外，还有一个推荐指数就是视频的"完播率"，如果有很多用户将一个视频完整地看完，平台就会判定这个视频为优秀并推荐给更多用户。因此，刚开始做抖音的时候，我们可以将视频时间控制在10秒之内，这会大大增加视频的完播率，而使得视频被推荐的可能性提升。

（五）规避封号风险

我们需要规避部分操作，以免辛辛苦苦运营的账号被封，如硬性广告（植入卖货账号、微信名等）、视频过于模糊或有水印、有低俗内容、刷赞刷评论等。

课堂活动4-14

1. 主题：微信场景秀推广制作及推送。

2. 目标：使学生初步掌握微信场景秀推广方法。

3. 建议时间：10分钟。

4. 材料准备：无。

5. 活动步骤：

第一步：所有学生加入微信群，老师介绍免费场景推广制作软件。

第二步：学生组成小组讨论文案并制作场景秀，并在群内推送。

第三步：学生讨论推送效果，老师总结、点评。

6. 总结评价：学生通过活动了解和掌握微信场景秀推广方法。

任务2　论坛推广

一、论坛与论坛推广

以论坛、社区、贴吧等网络交流平台为渠道，以文字、图片、视频等为主要表现形式，以提升品牌、口碑、美誉度等为目的，通过发布帖子的方式进行推广的活动就叫论坛推广，也称为发帖推广。

论坛，即 BBS，中文译为"电子公告板"。BBS 最早是用来公布股市价格等分类信息的。随着互联网的发展，特别是随着各种免费论坛程序的出现，BBS 逐渐成为互联网上最受欢迎的应用之一，并一直发展到今天。

二、论坛推广特点与适用范围

论坛推广是现在主流的网络营销手段之一，不管是专业的网络营销公司，还是各大企业厂商，都非常热衷论坛推广。

对于创业者来说，如果网站新上线，手头又没有多少资金，那么做论坛推广就非常合适了，因为论坛推广有针对性强、适用范围广、投入少见效快等特性。

（一）针对性强

一个可读性强的软文可以在短期内给网站带来可观的流量，如果我们再能找到精准的论坛去投放这篇软文，就可能在用户的收集和利益的转化等方面获得很可观的回报。这也就是我们所说的投放文章和软文要找目标用户集中的论坛。

（二）适用范围广

不管是何种类型的新网站，大部分站长都会去论坛做推广，一般只要不是十分偏门的网站，都能找到目标用户集中的论坛。虽然论坛更适合电子商务类的网站推广，但是如果我们能正确的使用一些技巧在别的类型的网站进行论坛推广，也会有比较好的效果。

（三）推广氛围柔和，更易形成利润的转化

现在很多人都不喜欢直白的广告形式，只有商家和企业动了脑筋，才能让我们的宣传有一定深度，信息可信，才容易激起消费者的认同，在心理上引起共鸣，从而使消费者采取购买行动。论坛作为一个流量比较庞大的网络地域，集聚了不同的消费群体，大家的积极参与，也能让宣传获得真正的转化。

（四）增加品牌曝光率，提升知名度

一些知名的论坛的注册的用户有百万人乃至更多，如果能在这些论坛把广告贴"炒"成热帖，引发"坛友"们的热烈回复，即使不能在论坛马上促成购买，也可以极大的提升品牌曝光率，树立网站或是企业的正面形象，现在在网上做生意，最重要的就是信任。一个很光辉的企业形象，会为企业大大加分。

（五）操作简单，投入少，见效快

论坛推广几乎不需要成本，从注册到发帖都是免费的，关键还是在于提高写作功底和软文质量，如果能使一篇帖子在大型论坛广受关注，就能引起大量第三方平台的转载，推广效果会呈几何倍数的提升。如果肯投入时间，一个人也可以做好一次完美的论坛推广。

三、论坛推广技巧

对很多创业者来说，论坛推广可以成为支撑产品推广的重要手段。如果是网站创业，论坛推广甚至可以成为网站推广的主要渠道。

下面来看一下论坛推广的一些技巧。

（一）明确自己的定位与推广目的

要弄清楚所要推广的产品或是网站是一个怎样的产品和网站，有哪些特色，为什么值得推广，凭什么去吸引用户，这些都应该是要有明确认识的。因为认识了这些，推广工作才能有的放矢。推广的目的是展示产品、网站、吸引流量和关注，如果定位都不明确，那么推广也是做无用功。

（二）掌握甚至精通相关论坛的知识

在做推广的时候，必须充分掌握论坛的知识，这对保证推广的效率至关重要。比如说，如果在一个手机论坛推广，推广者应该是一个对手机有足够了解的人，最起码也应该大体了解手机。推广者需要尽可能地收集所有关于手机的资料，然后分析这些资料，将手机的相关知识进行分类汇总。比如，手机可以按品牌分类、按功能分类、按价格分类、按部件分类、按服务分类等，明确了手机所具有的几个方面之后，要先确定自己相对了解的是哪个方面，然后再去寻找与这个方面相关的论坛。如果不是亲自去推广，那么在选推广者的时候，需要确定对方是否具有相应的综合素质。

（三）充分熟悉论坛

成为论坛用户之后不要急于发广告帖子。要先花几天时间熟悉这个论坛的各个方面，包括论坛的主要功能、论坛的版块设置、论坛的人气、论坛的主要人群、论坛的活跃帖子类型等。

（四）重点培养少量版块

选择这个论坛中具有人气的而且也是自己擅长的版块作为主要目标对象，想办法花几个月时间成为里面的专家级人物或者热点人物。比如说，我们可以每天去论坛里面回答问题，不管别人问什么问题都耐心解释，并且在最后都附上"如果您还有不明白的地方，可以随时联系我，这是我的 QQ 或者这是我的网站"之类的话，这样已明白了问题的人可能也会点击网站，不明白的人为了明白这个问题更会点击网站。通过几个月的努力，推广者就可能成为这个版块的专家级人物，然后可以去申请版主，做推广也就变得更加轻松了。

典型案例 4-1

"安琪酵母"论坛营销的成功案例

安琪酵母股份有限公司是国内大型酵母生产企业。酵母，在人们的常识中是蒸馒头和做面包用的必需品，很少直接食用。而安琪酵母股份有限公司却开发出了酵母的很多保健功能，并生产出可以直接食用的酵母粉。

公司首选论坛进行推广。于是，他们开始在有影响力的社区论坛里制造话题。之所以这样做，是因为在论坛里，单纯的广告帖永远是版主的"眼中钉"，也会招来网友的反感，制造话题则比较让人能够接受。

2008年6月，当时有很多关于婆媳关系的影视剧在热播。因此，公司便写了一篇名为"一个馒头引发的婆媳大战"的帖子。帖子贴出来后，引来了不少人参与讨论，其中就涉及酵母的应用。这时，由专业人士把话题的方向引到酵母的其他功能上去，让人们知道了酵母不仅能蒸馒头，还可以直接食用，并有很多保健美容的功能。由于当时正值6月，正是减肥旺季，而减肥又是人们永远的关注点。于是，论坛上的讨论，让关注婆媳关系的主妇们同时也记住了酵母的一个重要功效——减肥。为了让帖子引起更多的关注，公司选择了有权威的网站，利用他们的公信力把帖子推到更好的位置。当时，公司就选了一知名网站女性频道中关注度比较高的美容频道，并把相关的帖子细化到减肥沙龙板块等。果然，有了好的论坛和好的位置，马上引发了更多普通网民的关注。

除了论坛营销，公司又在主要网站上发了一些新闻，而这些新闻又被网民转到论坛里作为谈资。这样，产品的可信度就大大提高了。在此后的两个月，公司的订单量陡增，并获得了较高的品牌知名度和关注度。

通过公司在网上推广的案例，我们可以得出一个结论：论坛营销的真正的价值还在于互动，真正好的网络传播一定是网友自动顶帖或者转帖率高的传播。

课堂活动4-15

1. 主题：论坛推广讨论。

2. 目标：使学生了解论坛推广方法。

3. 建议时间：10分钟。

4. 材料准备：无。

5. 活动步骤：

第一步：学生提出常用的论坛。

第二步：老师选取典型论坛，引导学生分析论坛用户群体等特征并讨论推广方式。

第三步：老师总结、点评。

6. 总结评价：学生通过活动了解和掌握论坛推广方法。

任务3　软文推广

一、软文与软文推广

软文是相对于硬性广告而言，由企业的市场策划人员或广告公司的文案人员来负责撰写的"文字广告"。软文的最大的特点就在于一个"软"字，它追求的是一种春风化雨、润物无声的传播效果。软文软硬兼施、内外兼修，是最有力的营销手段之一，也是论坛和博客推广的基础。

软文之所以越来越受到企业的青睐，一是因为受众的信息敏感度越来越高，使得传统硬广告的效果越来越差；二是因为在传统硬广告效果下降的同时，广告费用却不断上涨，企业不得不尝试其他性价比更高的营销手段。软文在不影响用户体验的基础上还能够达到既定的广告效果，自然备受推崇。

需要指出的是，论坛推广的时候可能会用到软文，但软文的用途并不只在论坛，二者并不能相互涵盖。

二、软文推广技巧

不同的企业，背景和需求各不相同，使得软文的表现形式多种多样。但是万变不离其宗，不管如何变化，总有规律可循。根据传播渠道及受众的不同，软文大体可以分为3类：新闻类软文、行业类软文、用户类软文（产品软文）。

（一）新闻类软文编写及推广

新闻类软文是软文发展初期常用的手法，也是最基本的一种软文形式。此类软文的形态主要以新闻报道为主，比如常说的媒体公关稿、新闻通稿或新闻公关稿即属于此范畴。此类软文的写作手法可以归纳为新闻通稿、新闻报道、媒体访谈三类。

1. 新闻通稿

新闻通稿是公关与营销界人士最耳熟能详的一个词语，它原本是新闻媒体中的术语，指的是媒体在采访到一些重要新闻后，以统一的文章方式发给全国需要稿件的媒体。后来，很多企业在对外发布新闻时，为统一宣传口径，也会组织新闻通稿，以提供给需要的媒体。

新闻通稿涉及的技巧相对来说较少，基本上只要文字流畅、语言准确、层次清晰、逻辑性强，能把事情表述清楚，表达完整即可。

2. 新闻报道

此类软文都是以媒体的口吻、新闻的手法对某件事情进行报告，甚至会直接聘请真正的记者操刀。文章完成后，也会与正常的新闻报道一样，发布到相关媒体的新闻栏目。由于其夹杂在正常新闻中间，且完全用新闻体组织正文结构，让人防不胜防，对于非专业人士，根本无从分辨。

3. 媒体访谈

这一类软文是通过媒体对企业的产品或者服务的相关人员进行约访。比如，采访企业的总经理或者市场部经理，如果是高新技术产品也可以采访技术团队成员。

（二）行业类软文编写及推广

行业类软文即面向行业内人群的软文，此类文章的目的通常是扩大行业影响力，奠定行业品牌地位。一家企业的行业地位将直接影响其核心竞争力，甚至会影响最终用户的选择。比如当我们在为企业建站时，一定要愿意选择那些行业知名度高且具有一定影响力的公司合作。

行业类软文可以从下面五类文章着手，建立知名度与影响力。

1. 经验分享

此类文章以传播知识与经验为主，主要用于提升个人品牌和知名度。

这实际上是利用心理学中的"互惠原理"去感染人、影响人，继而建立品牌地位。中国有句俗语叫"吃人嘴软，拿人手短"，任何人在接受了别人的馈赠后，都会想着要回报对方，这是大多数人的共同特质。

分享型软文也是基于此原理。在分享经验的同时，其实也是在免费为读者分享知识，帮他们少走弯路、解决问题。而读者免费接受了馈赠和帮助后，肯定会想着回报。但是双方互不相识，那只能回报以口碑，向身边的朋友、同事、同行去推荐。在这个过程中，知名度与影响力自然就建立起来了。

2. 观点交流

如果说经验分享类的文章是以知识服众，那么观点交流类的文章就是以思想取胜。而且相对于前者来说，此类文章更好写。作者不需要有太多的经验，只要有思想，善于思考和总结即可。此类文章通常都是以独到的见解、缜密的分析、犀利的评论为主，让读者从心理上产生共鸣，继而建立品牌地位和影响力。

一些行业的网站内的专家专栏中的很多文章都以此为主。如果不擅长写软文，也可以围绕某篇具体的文章进行评论，对它的内容加以点评、修正与补充，最后以此组织成文章。

3. 权威资料

无论哪个行业，几乎都有一个共同的需求，就是迫切需要各种行业的调查数据、分析报告、趋势研究等资料。比如中国互联网络信息中心每次发布互联网调查报告时，大家都争先恐后地查阅。有些行业报告甚至千金难求。若有条件进行一些分析调查、数据研究等工作，或是有条件得到一些独家的资料，那完全可以发布一些基于这些数字、报告的软文，这将会大受欢迎。

4. 人物访谈

人物访谈即针对行业内的名人进行访谈，然后将访谈内容整理成文章发布。这么做的第一个好处是不需要自己组织大量的内容，只要邀请好访谈嘉宾，准备好问题即可，甚至连问题都可以让听众想；第二个好处是在访谈的过程中，还可以积累到许多优质的人脉资源与媒体资源；最后一个好处是能够快速奠定行业品牌地位与影响力。

5. 第三方评论

邀请第三方人士上阵，让他们从客观的角度进行评价，即第三方评论软文。邀请的对象，最好是在业内具有一定知名度和影响力的"知名博主"等名人。

需要注意的是，评论的内容也不一定非要限于正面，负面的也可以，完全正面会给人不真实的感觉。如果是负面的评论，最好不触及要害问题，应是可以有效挽回的问题，并要尽量控制其数量。

（三）用户类软文编写及推广

用户类软文指面向最终消费者或产品用户的文章，大家经常提到的产品软文即属于此类。这类软文的主要作用是提高企业在用户中的知名度与影响力，赢得用户好感与信任，引导用户产生消费行为。

这类软文的表现形式多样，但基本原则只有一条：以用户需求为主，具有阅读性。根据具体表现形式和手法的不同，此类软文可以分为六种类型。

1. 知识型

知识型软文是以传播与企业或产品相关的知识为主，而在传播知识的同时，将广告信息有机结合。比如《糖尿病患者请注意：降低糖化血红蛋白可有效控制并发症》就是一篇以普及糖尿病专业知识为主，并成功植入广告信息的软文。

2. 娱乐型

对于网民来说，上网的目的之一就是娱乐。如果能把软文写得娱乐味十足，那么将会非常有市场。

通常说的"段子"，有很多就是这一类软文。不少人会通过 QQ 群、论坛、博客、微信等将其传播出去。

3. 争议型

如果人们关注过近几年出现的网络红人和网络大事件，就会发现一个规律：这些人和事的背后，往往都存在着大量的争议，也因为这些争议，他们被关注和讨论。

"争议"是网络营销中最大的卖点。对于软文来说也同样如此，如果内容中有足够的争议，同样会达到非常好的效果。这类软文中的争议可以是纯粹的话题争议，也可以是事件争议，或者是人物方面的争议。

4. 故事型

将要推广的信息包装到故事里，会收到意想不到的效果。这种形式还有利于口碑的传播。比如要是有人问，哪个牌子的打火机最好？那 10 个人中，会有 8 个人说是 Zippo。如果再问为什么，不少人会流利地说起许多关于 Zippo 的故事。比如 Zippo 挡子弹的故事、Zippo 和渔夫的故事、Zippo 与飞行员的故事、Zippo 和洗衣机的故事、Zippo 充当信号灯的故事等。Zippo 的品牌在很大程度上是靠这一个个小故事树立起来的，这些故事流传的同时，也将 Zippo 的品牌理念和形象深深地印到了每一个人的脑海中。这些小故事甚至直到现在还在互联网上传播着。

5. 情感型

在做营销推广时，应该把用户当成"心仪的对象"来追求。假如软文能够像男孩写给心仪女孩的情书那样，能做到以情感人、以情动人，从情感上感染对方，效果一定会很好。

6. 资源型

好的资源，人人需要。如果能将用户迫切需要的好资源进行汇总并传播，不但不会被人认为是广告，而且还会大受欢迎。类似于《上海过生日免单优惠餐厅汇总》这样的文章，肯定会引发关注并促使用户向好友推荐。这样的文章没有涉及任何经验和技巧，甚至写此文时，都不需要经过太多思考，只需将一些可以免费发广告的论坛地址罗列出来，效果却非常好。

课堂活动4-16

1. 主题：软文阅读与讨论。

2. 目标：使学生了解软文的作用与效果。

3. 建议时间：10分钟。

4. 材料准备：各类软文资料。

5. 活动步骤：

第一步：老师给出时间让学生阅读软文。

第二步：针对某个指定产品，学生提出不同软文的推广方法，并讨论出最佳方案。

第三步：老师总结、点评。

6. 总结评价：学生通过活动了解和掌握软文推广方法。

任务4 搜索引擎推广

一、搜索引擎以及搜索引擎推广

要了解搜索引擎及其推广，我们必须知道相关术语。只有这样，才能深入了解搜索引擎优化的具体部分。

（1）搜索引擎（SE）。搜索引擎是根据一定的策略、运用特定的计算机程序搜集互联网上的信息，在对信息进行组织和处理后，为用户提供检索服务的系统。

（2）搜索引擎营销（SEM）。搜索引擎营销是基于搜索引擎平台的网络营销，利用人们对搜索引擎的依赖和使用习惯，在人们检索信息的时候尽可能将营销信息传递给目标客户。搜索引擎营销追求的是最高的性价比，以最小的投入，获取最大的来自搜索引擎的访问量，由此产生商业价值。

（3）搜索引擎优化（SEO）。搜索引擎优化是针对搜索引擎对网页的检索特点，让网站建设各项基本要素适合搜索引擎的检索原则，从而获得搜索引擎收录尽可能多的网页，并在搜索引擎自然检索结果中排名靠前，最终达到推广网站的目的。

（4）关键词。关键词是希望访问者了解的产品、服务或者公司等内容名称的用语。比如搜索电子商务论文，"电子商务"就是一个关键词。

（5）蜘蛛机器人。蜘蛛机器人是一个爬行程序，是一个抓取网页的程序，搜索引擎就是用蜘蛛机器人来抓取网页的。

（6）白帽技术。白帽技术是以正当方式优化站点，使其更好地为用户服务并吸引爬行程序注意的一种搜索引擎优化技术。

（7）转化率。转化率是访问某一网站访客中，转化的访客占全部访客的比例。

我们通常说的搜索引擎推广是运用搜索引擎优化进行推广。

搜索引擎推广是指利用搜索引擎、分类目录等具有在线检索信息功能的网络工具进行网站推广的方法。由于搜索引擎的基本形式可以分为网络蜘蛛形搜索引擎（简称搜索引擎）和基于人工分类目录的搜索引擎（简称分类目录），因此搜索引擎推广的形式也相应有基于搜索引擎的方法和基于分类目录的方法，前者包括搜索引擎优化、关键词广告、固定排名、基于内容定位的广告等多种形式，后者则主要是在分类目录合适的类别中进行网站登录。随着搜索引擎形式的进一步发展变化，也出现了其他一些形式的搜索引擎，不过大都以上述两种形式为基础。

搜索引擎推广的方法又可以分为多种不同的形式，常见的有：登录免费分类目录、登录付费分类目录、搜索引擎优化、关键词广告、关键词竞价排名、网页内容定位广告等。从目前的发展趋势来看，搜索引擎在网络营销中的地位依然重要，并且受到越来越多企业的认可，搜索引擎营销的方式也在不断发展演变，因此应根据环境的变化选择搜索引擎营销的合适方式。

网站要聚集人气，必须要有足够的访问量，而网络上的信息数以亿计，网站很容易湮没在这些浩瀚的信息流中。通过对多个网站的综合统计，搜索引擎是网站访问量来源的重要部分，占到70%～80%。并且，至少85%的搜索者在搜索时根本不会去看排在50名以后的网站。也就是说，如果想让网站良好地发展，就必须通过网站推广将自己的网站排到搜索引擎搜索结果的前面，越靠前，就越可能被更多的潜在客户发现。

在一个搜索引擎关键词查询结果中，排名在前10位的页面检索将掠去此关键词访问量的60%～65%；排名位于11～20名的页面检索将掠去20%～25%的访问量；而排名在21名后的所有页面检索只能分享3%～4%的访问量，因此对搜索引擎的优化研究是必要的，而接下来将对搜索引擎的理论和现状进行研究。

二、搜索引擎优化技巧

从搜索引擎确定了流量门户这个霸主地位之后，搜索引擎的排名就成为衡量网站知名程度的重要标准之一。许多网站都花大力气想尽各种方法来提高自己在搜索引擎中的排名，并凭借搜索引擎优化迅速走红，这已成为一种常用的推广手法。

但是，想要凭借搜索引擎进行推广，我们所做的一切都需要便于搜索引擎的蜘蛛机器人抓取，要做到这一点，一些技巧值得借鉴。

（一）内容

内容是最为重要的，因此需要把优秀的、更好的和独特的内容集中在一些关键字或关键词上面，需要使用关键词链接网站。换而言之，如果链接目标是"白色风衣"，那么链接文字就写"白色风衣"而不是"单击此处"。需要定期添加新的、有用的内容到网页。新鲜内容能够帮助改善排名，并会引起搜索引擎更多的注意。如果网站内容不常更新，那么网站就需要一个博客，因为蜘蛛机器人喜欢新鲜的文本。博客每周至少更新三次，用良好的、新鲜的内容，喂食那些小小的"爬行者"。

（二）链接

如果说内容是最为重要的，那链接就是次要的。我们要使用关键字作为链接，建立一个高质量反向链接的网络。如果没有合乎逻辑的理由，有"不好"的网站链接了自己的网站，那么这种链接就不能被允许。建立链接时，更重要的是考虑质量而不是数量。做一个单一的、良好的、权威的链接，远远好于做十多个质量低劣的链接。

另外，希望得到链接的同时，也要愿意给出链接，因为这样会鼓励别人也链接自己的网站。

（三）标签

我们需要确保网站上每个页面标题标签都有一个独特的关键字。如果必须把公司名称放入标题，那就放在标题的最后。因为除了家喻户晓的知名品牌，一般的公司名称不太可能会被搜索。

（四）网站设计

搜索引擎优化需要从网站设立之初就有所考虑。网页设计师需要理解对自然SEO 的期望，只有这样才能从源头上打好基础。

网页设计师可以适当地在文本链接、图片 Alt 属性，甚至域名里布置关键词或关键字。

如果希望蜘蛛机器人光顾新网站，则可以通过搜索引擎的规则提交表单，只要花费数周时间就可以做到，但最快捷的方式是让一个高质量的网站链接新网站。

（五）关键字设置

不要尝试用关键字塞满文本，这样不会起作用。搜索引擎会查看关键字在内容里的出现频率，如果频率太高，其作用会适得其反。不仅链接要使用关键字，链接周围的文字也要与关键字相关。换而言之，要用描述性文本围绕这些链接。

💡 课堂活动4-17

1. 主题：寻找搜索引擎的秘密。

2. 目标：使学生理解搜索引擎的排列规则。

3. 建议时间：10分钟。

4. 材料准备：指定主题的产品。

5. 活动步骤：

第一步：老师给出指定主题，学生使用搜索引擎进行搜索。

第二步：针对排名靠前的文章集体讨论，研究影响排名的主要因素。

第三步：老师总结、点评。

6. 总结评价：学生通过活动了解和掌握软文推广方法。

任务5　电话营销

一、电话营销

电话营销是推销人员通过电话向潜在客户展示产品或服务，以达到获取订单、成功销售的目的的一种推销方式。这种方法在联系距离较远的顾客，或为现有顾客服务的方面有一定的优势，因为推销人员可以坐在办公室里开展业务，扩大销售，减少出差和旅行方面的费用。电话营销的目标就在于能以一种经济有效的方式满足客户需要，为客户提供产品或服务。电话销售的对象是公司现有或潜在的目标市场顾客，通过与他们的沟通，不仅可以维持与客户之间良好的关系，还可以为企业树立良好的形象。

二、电话营销的准备工作

电话销售前要做好准备，就像盖大楼前要打好地基，如果地基打得不扎实，大楼很快就会倒塌。同理，如果我们在打电话前没有将准备工作做好，那么即使我们有很强的沟通能力，也不可能达到预期的最佳效果。所以，销售员在与客户通话前一定要准备充分，做到有备无患、胸有成竹。

（一）收集客户资料

对将要联络的公司和顾客，销售人员应当经过仔细并且合理的选择。通常情况下，使用电话号码簿是一个有效的方法，但电话号码簿上的顾客并非都对销售的内容有兴趣，所以直接单独使用电话号码簿的效果并不理想，常常是打了许多电话，才能找到一个顾客，其主要原因在于电话簿上关于客户资料的记载很不详细。

因而销售人员应主动收集客户资料，内容包括公司名称、业务类型、资金实力、职工人数、联系人姓名、电话号码和地址等，对潜在顾客了解得越多，越容易列出适当的特征，以及有效的推销方法，更重要的是可据此促成交易的成功。这样在开始从事电话推销时，就已经有了一定的准备。

（二）了解客户潜在需求

电话推销之前，推销人员要在综合考虑客户所在的行业及其在行业中所处位置的基础上，了解客户可能有哪些潜在需求，进一步明确能给客户提供的产品和服务。

（三）找出关键人物

推销人员第一次打电话给客户时，通常需要越过客户公司里的屏蔽层面，如秘书等，有时甚至需要经过多重手续才能找到真正的决策者。

三、电话营销技巧

（一）明确目的

一定要明确自己打电话给客户的目的，目的是成功地销售产品，还是与客户建立一种长久的合作关系。只有明确了目的，在与客户的谈话中才能抓住重点，从而保证电话销售的效果。

（二）准备好问题及回答

电话销售的目的是获得更多的信息和了解客户的需求，如果不提出问题，显然是无法得到客户的信息和需求的。所以为了达到目标，需要得到哪些信息、提出哪些问题，这些在打电话之前必须要明确。最好把需要提出的问题在打电话前就写在纸上，以方便打电话时提醒自己。

打电话时，客户也会提出一些问题。所以，要预知客户可能提出一些什么问题，而且应该事先就知道怎么去回答。另外，也可以把客户可能经常问到的问题制成一个工作帮助表，以后每当客户问到这些问题时，就能随时快速地查阅并回答。

（三）态度真诚，富有耐心

无论是面对企业的决策者还是其他相关人员，都要表现出诚意和耐心。即使是客户公司的前台，也要在每一次沟通结束时都表示谢意，这样对方才会更主动地帮助你。要跟对方以朋友对话般的平等态度去交谈，而非持居高临下或是俯视一切的态度，这样会让人更能接受。也要理性对待别人的拒绝和不友好的声音，能撇开负面情绪，以积极的态度去面对。

（四）同时使用其他营销方式

电话销售还可以作为其他直复营销方式（邮寄销售、目录销售、电视销售、电子购物等）的补充和支持。这些方式和电话销售结合时，虽然侧重的方面各有不同，但最终目的都是要充分利用当今先进的通信及计算机技术，为企业降低成本，创造更多的商机，增加收益。

（五）充分使用"话术"

电话通话不同于面对面的交谈，在销售过程中如何通过电话说服客户有很多技巧。比如开场白，要在30秒内做完公司介绍及自我介绍，引起客户的兴趣，让客户愿意继续谈下去。在面谈邀约的时候要充分运用话术，一般要留有余地，并充分掌握与人沟通时对方的心理。

课堂活动4-18

1. 主题：电话邀请。

2. 目标：使学生初步掌握电话推销的技巧。

3. 建议时间：10分钟。

4. 材料准备：学生活动资料。

5. 活动步骤：

第一步：老师给出活动资料让学生阅读并思考如何推广。

第二步：学生现场打电话邀请其他同学参与。

第三步：老师总结、点评。

6. 总结评价：学生通过活动初步领会和掌握电话推销的技巧。

项目15 融 资

💡 学习目标

1. 认识创业融资的重要作用。
2. 掌握创业的渠道和方式。

◼ 导入案例

创业，就要努力进取

与一般的大学生创业者不同，贺伟龙选择努力进取。

贺伟龙的创业项目，核心技术来自一位博士。贺伟龙的创业项目生产的新型非培养微生物检测芯片填补了国内市场的空白。"仅一条小型生产线，就可年产芯片100万片。"

几年前的一次同学聚会上，闲谈中有人无意提到了归国博士白向阳的"新型非培养微生物检测芯片"技术。对于饭桌上的大多数人来说，这种"高大上"的尖端科技离他们的生活实在太远，话题也很快被一带而过。贺伟龙却从只言片语中敏锐地捕获了3个重要信息：留美博士、技术先进、与自己来自同一座城市，并从中嗅到了一丝商机。

"您是河北省邢台市人，完全可以回到家乡来发展！"在辗转联系上白向阳之后，贺伟龙却得知上海市、江苏省南京市、浙江省杭州市甚至国外的公司都在与白向阳积极接洽，无奈之下，他只能拿出自己与白向阳是"同乡人"这一"杀手锏"，而当时的白向阳恰好表现出想要回家乡发展的意愿。

自以为是"平步青云"的贺伟龙，没想到紧接着便陷入了更大的焦虑。这种高科技项目前期投资巨大，至少需要3300万元，这对他而言显然是个

"天文数字"。

正在"抓狂"之际，脑中突然闪过的一幕又让他两眼放光。贺伟龙大学时在一家民营钢铁企业做兼职会计，在老板与其他钢铁企业负责人们的谈话中，他得知时下许多钢铁企业由于产能过剩、资源消耗较大，正在寻求转型升级，对一些高新项目非常渴求。"我能否从中牵线搭桥呢？"整理好厚厚的一沓资料后，他开始奔波于各大钢铁企业负责人们的办公室。

在对一位当地知名的民营企业家前前后后进行了4次出色的"公关"后，他终于成功了，经过协商，出资方河北邢台龙海钢铁集团将占据新公司55%的股份，白向阳以技术占股40%，贺伟龙拥有5%的股份。随后，河北贝克艾瑞生物技术开发有限公司正式成立。

"下一步，就是探索怎样开拓市场！"在企业步入正轨后，创业对贺伟龙的考验才真正开始，"我觉得创业就像是在开车，有了车之后，要想开得快，还得加足油，得整合资源并充实专业人才。"

目前，公司生产的新型非培养微生物检测芯片利用的是微生物学和流体力学原理，可以迅速完成对病毒和病菌的检测。这种新型芯片可广泛运用于生命科学基础研究、疾病诊断与控制、进出口检疫等领域。带领公司上市，是贺伟龙的梦想。

分析问题：

1. 你认为贺伟龙为什么能获得投资？如果放到全球新冠疫情依然比较严重的2022年，他获得投资的可能性会增大还是减小？

2. 贺伟龙获得投资的故事对你有什么启示？

任务1　认识创业融资

一、创业融资

（一）什么是创业融资

融资是一个企业筹集资金的行为与过程。

创业融资是指创业企业根据自身发展的要求，结合生产经营、资金需求的情况，通过科学的分析和决策，借助企业内部或外部的资金来源渠道和方式，筹集生产经营和发展所需资金的行为和过程。

融资对于创业而言无疑具有巨大的推动作用。创办企业需要启动资金，公司扩大业务同样需要资金的助力。资金对于企业而言就像汽油对于汽车一样，没有汽油，再好的汽车也无法发动和驰骋。无论规划得再好，如果没有资金支持，那也只是空中楼阁，无法建立起真正的摩天大厦。

（二）创业融资常见的误区

融资的过程对于创业者来讲，实质上就是推销公司、产品乃至"圆梦"的过程。企业融资有成有败，成功的原因有很多，但失败的原因主要有以下几点：

1. 目的、目标不明确

创业者无法回答的首要问题是："你需要多少资金，你对自己公司的估值是多少？"这时，创业者需要有足够的证据支持其融资请求。很多创业者在面对这个问题时茫然无措，不知如何回答。

2. 不了解融资流程和规则

融资成功的关键是创造与投资者双赢的局面，所以创业者应坦率地向投资者说清楚投资风险与回报。对创业者来说，最重要的是说服投资者相信自己，并明确双方的利益分配，避免日后与股东产生法律纠纷。所以，创业者对股权分配问题必须有特别清晰的概念，也需要掌握一定的法律知识。

3. 依赖不可靠的业务人员

聘用值得重用的人员对融资成功十分重要，创业者可以让知名的顾问、律师和会计加入团队，这有助于潜在投资者更好地理解创业者的理念，提升创业者的诚信度。

4. 欠妥的资金来源

如果投资者认为创业者的项目与其投资能力不符，那么即使投资者对创业者的点子感兴趣也无济于事。此外，在创业初期，创业者自身利益还未与初创公司息息相关时，不应对专业投资者注资抱有太大期望。

5. 未对资金来源进行尽职调查

在投资者对创业者进行尽职调查的同时，创业者也应对潜在投资者进行尽职调查，包括核查其近期的投资项目、投资时期、投资预期记录以及进展情况。创业者不必对尽职调查的结果感到惊奇或失望。

6. 对未来没有准备

如果投资者对创业者的初步介绍比较满意，就会要求创业者提交正式的商业计划书和财务预测。如果创业者不能尽快提供这些材料，不但会令投资者失去热情，还会损害创业者的专业形象。同样，在组建公司、选用业务骨干和设置相关设施时，创业者也应提前作好准备。商业计划书之类的文件是必不可少的。

二、创业融资的几个相关概念

（一）天使投资

天使投资是权益资本投资的一种形式，指具有一定净财富的个人或者机构，对具有巨大发展潜力的初创企业进行早期的直接投资，属于一种自发而又分散的民间投资方式。

其实，天使投资是一种概念，所有有闲钱、愿意做主业外投资的公司或个人都可以叫天使投资者，他们更多参与早期容易参与的项目，也有天使投资者敢于投资大项目，不过一般受财力和个人能力范围限制或各种因素干预而不能如愿。

天使投资一词最初特指富人资助一些具有社会意义的演出的公益行为。对于那些充满理想的演员来说，这些投资者就像天使一样从天而降，飞来飞去，为企业"接生"，使他们的美好理想变为现实。后来，天使投资被引申为一种对高风险、高收益的新兴企业的早期投资。相应地，这些进行投资的富人就被称为投资天使、商业天使、天使投资者或天使投资家。用于投资的资本就叫天使资本。

（二）风险投资

风险投资在我国是一个约定俗成的、具有特定内涵的概念，其实把它翻译成创业投资更为妥当。广义的风险投资泛指一切具有高风险、高潜在收益的投资；狭义的风险投资是以高新技术为基础，生产与经营技术密集型产品的投资。根据美国风险投资协会的定义，风险投资是由职业金融家投入新兴的、迅速发展的、具有巨大竞争潜力的企业中的一种权益资本。

（三）私募股权投资

从投资方式角度看，私募股权投资是指通过私募形式对私有企业，即非上市企业进行的权益性投资，在交易实施过程中附带考虑了将来的退出机制，即通过上市、并购或管理层回购等方式，出售持股获利。

广义的私募股权投资为涵盖企业首次公开发行前各阶段的权益投资，即对处于种子期、初创期、发展期、扩展期、成熟期和上市前各个时期的企业所进行的投资，也就是说风险投资属于广义上的私募股权投资。而狭义的私募股权投资主要指对已经形成一定规模的，并产生稳定现金流的成熟企业的私募股权投资部分，是企业已经进入成熟期之后进行的股权投资。

我国主要采用狭义上的私募股权投资概念，与风险投资的投资领域并不重合。

（四）投资轮数

初创企业融资，一般先有天使投资者投资，然后有风险投资者投资。我们一

般称天使投资者的第一轮投资为天使轮投资。风险投资者的投资，第一轮叫作 A
轮投资，第二轮叫作 B 轮投资，以此类推。当然，也有的企业没有天使轮投资，
直接从 A 轮投资开始。

（五）股权稀释

股权稀释就是股东通过吸收其他资金，使自己的控股比例下降的一种做法。
这样可以扩大公司的资金实力。

创业者必须一开始就对股权稀释有非常明确的概念，并做好融资计划，确定
每一次融资所出让的股份，否则股权如果被稀释太多，创业者很有可能就会失去
公司在股权上的控制，从而引发一系列问题。

典型案例 4-2

大学生为何拒绝 3 000 万元 A 轮融资

肖军森的合伙人至今都不是很能理解，3 000 万元的 A 轮融资，他就这
么干脆地拒绝了。

吸引到巨额融资的是一款名叫"i 驾车"的 App，功能是以"互联网 +
驾校"的模式帮助用户实现自主学车。

肖军森从一位朋友那里听到了国家可能会实施自考驾照的消息，他觉
得这里蕴含着商机。"学车久、学车慢、教练凶"是驾考行业在大众心目中
的刻板印象。肖军森想到可以让学员打电话预约，与教练进行一对一培训，
每次学完后支付单次费用，还可以给教练评级。

肖军森便利用在大学生创业圈里积攒下的人脉，很快组建了自己的创
业团队——6 位 20 岁出头、来自四川省成都市不同高校的大学生。不久，
第一个版本的"i 驾车"App 上线了，自考驾照的政策也在一个月后出台。
后来，他们注册成立了一家网络科技公司。

"我们走在了最前面，是全国较早研发面市的自主学车 App。"肖军森
信心满满，他相信进一步推广 App 后，一定会给驾考行业带来巨大的冲击。

在最初的推广阶段，大部分人都摇着头走开了，生怕上当受骗。肖军
森便和大家商议先自掏腰包，让身边的人免费学车，他们把受众人群锁定
在了更能接受新事物的大学生身上。有 5 位大学生获得了首批免费学车的
机会。每天用软件学车后，他们便将照片发布在朋友圈，用亲身感受影响

身边的人，这个方法取得了意想不到的效果。寒冬腊月是驾考市场的淡季，肖军森却在两星期内收获了近80位新用户。

　　巨大的进展鼓舞了他们，然而与传统驾校谈合作一直不是件容易的事，当新旧事物两相碰撞时，总会有观念的差异，甚至会引起冲突。很多传统驾校根本不相信"互联网＋驾校"的模式能实现，肖军森便决定直接到驾校与校长面谈，校长给他们5分钟进行阐述，后来，校长认同了他们"学员、教练、驾校、App"的模式，却还是不相信这群大学生能做好这个项目。

　　谈判无果，他们只能心灰意冷地回家了。

　　但就在次日清晨，一个电话打了进来，驾校的校长居然同意合作了。

　　现今，"i驾校"App平台上已拥有了1 100多个教练，达到了拿着手机在四川省成都市随便走1千米就有一个教练的密度。后来，各大投资公司看到了商机，找上门来，出价最高的是投资3 000万元，但由于对方坚持要60%的股份，肖军森最终还是说服了团队内的人拒绝了这家投资公司。

　　肖军森认为，大学生应该把创业当作一次体验，如今创业非常艰难，有一个新颖的想法出现，过了不多久就会有一堆竞争对手冒出来，他们作为"幸存者"，会尽力坚持做到最后，做得更好。

分析问题：

1. 你觉得肖军森拒绝千万级融资是否正确？如果是你，会怎么做？
2. 你觉得应该如何处理好融资与股权之间的平衡问题？

💡 课堂活动4-19

1. 主题：五分钟拉风险投资。
2. 目标：使学生了解风险投资的相关规则和获得投资的关键点。
3. 建议时间：10分钟。
4. 材料准备：2～3个项目资料。
5. 活动步骤：

第一步：老师分发材料给学生，学生组成不同团队，邀请2～3名其他老师担任风险投资者。

第二步：学生现场演示材料，老师给出投资额。获得的投资额最高的团队获胜。

　　第三步：老师总结、点评。

　　6.总结评价：学生通过活动了解风险投资的相关规则和获得投资的关键。

任务2　了解创业融资的渠道与方式

　　创业融资对于创业者来说极为重要。如果没有资金，企业就不可能创立和发展。只有筹得第一笔资金，才能迈出创业的第一步。

　　筹集资金有很多种渠道，对大多数创业者来说，启动资金的筹集是个不小的难题。筹集启动资金主要有以下几种方式：（图4-6）

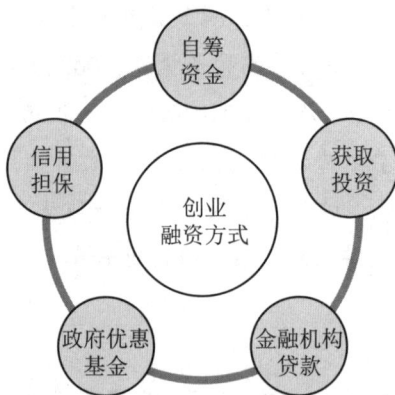

图4-6　启动资金的筹集方式

一、自筹资金

　　对于初次创业的大学生来说，依靠自己的力量，用打工积累的资金或平时积蓄的生活费，或者通过亲朋好友的帮助来创业，不失为一种很好的选择。

　　亲朋好友相对来说比较容易为我们提供借款。但对于创业者个人来说，必须要在借款之前就计划好自己的还款能力，不能不加考虑、不计后果地借款。创业成功，当然皆大欢喜，但如果创业受挫或者失败，那么不仅会欠下一大笔债务，而且自己和亲朋好友之间也很可能会产生难以修复的矛盾、误解和不愉快，影响多年的亲情和友情，得不偿失。另外，不管是向谁借款，不管自己与对方的关系多么亲密，我们都一定要主动给对方写借条，这也是我们的责任和义务。

典型案例 4-3

大学生乡村干部开网店

印象中的乡村干部大多是卷着裤脚，上了点年纪的中老年人。近几年，一批戴着眼镜、学历较高的年轻人开始取代那些上了年纪的乡村干部。大学生乡村干部有更开阔的视野、更丰富的知识，他们能否真正靠自己的智慧改变农村面貌？

一、贴钱贴力销售农产品

董利军，这个生于 1987 年的年轻人是一名大学生乡村干部，目前担任浙江省兰溪市游埠镇洋港村书记助理。说起兰溪市的农副产品，他如数家珍："兰溪市有红糖、土菜油、萝卜、莲子等很多土特产。"

为什么对土特产感兴趣？原来，他和另外两名大学生乡村干部合伙开了一个名为"村村缘土特产馆"的网店和两个线下实体店。他们希望通过线上、线下的销售，帮助农民们拓宽渠道，提高销售额。谷贱伤农是农村常见的现象，由于销售渠道不广、信息闭塞，农民们往往会碰到辛苦一年，生产的农副产品却卖不出去的难题。董利军他们就试图通过电子商务平台结合线下店铺的形式，帮助农民们解决产品销售难的问题。

网店上线后，他们还在兰溪市、金华市各设了一个实体店。除了实体店要雇人，网店的维护和运营基本是他们 3 个年轻人轮流利用业余时间打理的。付出了汗水不说，他们还贴了不少钱。董利军说："过去兰溪市的小萝卜只在周边有名气，现在连东北地区都有客户喜欢上了小萝卜的口味。有了拓宽的渠道和更多的消费群体，再加上宣传带来的知名度，更多的兰溪市土特产会越卖越好。"

二、大学生乡村干部的电商梦

浙江省永康市唐先镇的大学生乡村干部邵怡说："唐先镇中山村是种植生姜的大村，而且这里的生姜是在山上种植的，具有一定的产品特色。如果我在这上面做文章，或许能帮助到农民们。"大学生乡村干部陈明晖工作的乡镇则是浙江省义乌市的红糖的主要产区，素有"红糖之乡"的美誉，至今已办了 9 届红糖节。义乌市的红糖具有较高的知名度和美誉度，也给广大农民带来了实实在在的收益。他们也有代表参加了金华市举办的大学生乡村干部宣传新农村的相关活动，在农超对接超市里设有红糖销售区块，得到了消费者的认可与赞誉。目前，他们准备尝试开一家销售红糖的网店，帮助村民拓宽销路。

浙江省金华市武义县柳城畲族镇的大学生乡村干部丁晓燕说，在当乡村干部之前，她就在经营一家网店，但由于没有好的货源，也没有足够的资金，网店经营得也不太理想。经过大学生乡村干部电子商务专题培训班后，她想要利用网店帮助当地农民们，使他们的农产品获得更广阔的销售渠道。

大学生乡村干部陈凯告诉记者，他一直在思考如何推销这些优质的家乡土特产，参加大学生乡村干部电子商务专题培训班后，他会尝试通过一些推销渠道对家乡土特产进行宣传，比如通过微信朋友圈、个人空间和微博等，或者再开一家网店进行销售，从身边的小生意做起。也可以去找一些附近的超市、饭馆进行推销，做大以后再根据资金多少来制订宣传计划，树立品牌。最重要的一点是在这个过程中一定要保证产品的质量，不能因为经济利润而放弃对质量的追求。

大学生乡村干部吴竞东说，他曾经也有个创业的想法，他想做高端水产和畜禽肉类的实体店，采取同城购一体的经营模式。为此，他做了可行性分析，发现目前浙江省义务市还没有人涉足这个模式的高端水产和畜禽肉类的经营，他认为这还是比较有市场前景的，但当时因为怕冒资金上的风险，没有勇气去踏出实践的第一步。后来，吴竞东通过接受培训和实地参观浙江省金华市的几个电商企业发现，其实电商企业起步都很艰难，关键是要找对方法和坚持不懈。

三、助力村官做电商

浙江省金华市市委组织部、金华职业技术学院组织了多期大学生乡村干部电子商务专题培训班，先后有几百名大学生乡村干部接受了培训。市委组织部副部长、市招才局局长李雄伟说，农村电子商务市场作为不可或缺的一个领域，面临着迅猛发展的良好前景。发展农村电子商务的实质是用现代信息技术服务"三农"，有利于突破农村的地理空间和自然资源限制，更好地拓宽销售渠道、降低物流成本、提高流通效能，从而促进农业增产、农民增收、农村社会全面进步。

有关部门表示，浙江省金华市还将出台相关政策，对具备一定规模和业绩的大学生乡村干部给予奖励资助，帮助其进一步发展。李雄伟说，希望参加培训的学员几年后有一些能成为企业家，那时，依托在这些企业家背后的农民们也就走上了致富路。

（资料来源：婺城新闻网，有改动）

二、获得投资

相对银行贷款要求安全性、回避风险的特点，风险投资则偏好高风险项目，追逐高风险后隐藏的高收益，意在管理风险、驾驭风险，看重的是企业未来的良好收益和高成长性。如果创业者能够确保自己的企业是一个前途远大的高成长性企业，风险投资也是一个不错的选择。

创业者要想获得风险投资者的青睐，除了要专注自己的好项目，还要学会用一系列扎实的数据说服投资者，还要做好项目的包装，这包括商业计划书、训练核心团队、做好财务预测等。在申请风险投资的过程中，一份翔实、系统、可操作的商业计划书始终扮演着重要的角色，它是获得风险投资最有价值的工具。

获得风险投资并不容易。创业者应根据自己的创业实况，判断是否适合争取风险投资。

创业启动资金的募集并不局限于以上几种方式，只要不违背法律和道德，任何可行的方式都是值得尝试的。创业者要充分利用自己身边的各类资源，积极为初创企业募得创业启动资金。同时，也要珍惜来之不易的创业启动资金，把钱真正用在刀刃上，尽全力为创业事业赢得最好的开端。

三、金融机构贷款

向银行贷款是一种比较正式的融资方式。创业者，特别是初次创业的创业者，想要获得银行贷款的确不容易，但是也不是完全不可能。几乎所有企业失败的根源都是资金短缺。因此对于创业者来说，无论是在创业初期的融资阶段，还是在创业中期的扩大生产阶段，都需要银行的资金援助，与银行做好沟通是非常重要的。创业者要想顺利得到银行的贷款，还必须对银行借贷的形势和流程有所了解。

现在国家大力支持大学生创业，银行也相继推出了相关辅助政策，为创业者获得贷款提供了良好契机。

四、政府优惠基金

近年来，为促进、带动就业，政府出台了许多优惠政策和手段支持大学生自主创业。如创业补贴、贴息贷款、小额贷款等。创业者可通过这些路径获得第一笔创业启动资金。

典型案例4-4

9名青年获创业扶持资金

"我在创业过程中遇到的最大的困难就是资金周转不足,市创业促进会发给我5万元启动金,并给我配备了一名创业导师,着实解了我的燃眉之急。下一步,我将用好这笔资金,及时与导师沟通,把企业做大做强。"在山东省滕州市创业促进会举行的创业青年启动金发放仪式上,领到启动金的创业青年张志朋激动地说。

为发挥创业促进会的作用,扶持更多有志青年实现成功创业,滕州市创业促进会共向9名创业青年分别发放了5万元的启动金,这也是滕州市发放的第二批创业启动金。该笔启动金由中国青年创业国际计划(下文简称YBC)全国办和YBC滕州创业办募集,获得资金的创业者在3年内分期还清资金即可,以帮助更多创业青年圆梦。

YBC是扶持青年创业的成熟模式和运作体系,其宗旨是培养创业精神,提高创业能力,提倡企业社会责任,促进经济与社会协调发展。资助对象是18岁至35岁,有良好创业愿望和创业激情,但缺乏启动资金和经验技术的有志青年,主要为他们提供创业导师辅导和无利息、无抵押、无担保的资金扶持。

山东大千纺织有限公司董事长李向阳是YBC为张志朋指定的创业导师。李向阳说,创业饱含艰辛,成功来之不易。下一步,他将通过打电话、发邮件或网络、现场辅导等形式,竭尽全力为张志明提供帮助,让他少走弯路,成功实现创业梦想。

五、信用担保

信用担保融资主要由第三方融资机构提供,是一种民间有息贷款,也是解决中小型企业资金问题的主要途径。

信用担保是一种信用中介服务,本质上属于金融服务的范畴,同时又是社会信用体系的重要组成部分,在信用约束尚不健全的情况下,是现阶段解决中小企业融资难问题的重要环节。信用担保融资是一个专业性极强的高风险行业,承担了银行或其他债权人不愿意或不能够承受的高信用风险。

对于创业者来说，虽然信用担保机构比风险投资更容易找到，但要获得资金也并非易事。如果有资产可以抵押（比如可出售的知识产权权益、房产等），就会比较容易获得资金。

课堂活动4-20

1. 主题：挖掘投资渠道。

2. 目标：使学生充分发掘自身的投资渠道。

3. 建议时间：10分钟。

4. 材料准备：无。

5. 活动步骤：

第一步：学生自由组成团队。

第二步：每个团队列举出自身的融资渠道和金额，并由老师核实。融资最多的团队取得优胜。

第三步：老师总结、点评。

6. 总结评价：学生通过活动充分发掘自身的投资渠道，能进一步拓展融资思维和能力。

任务3　认识大学生创业融资误区及解决方案

初出茅庐的大学生在初次创业的道路上除了面临社会经验、管理能力等方面的不足，在创业融资方面也常常走入误区，最终使自己功败垂成。当前大学生创业融资误区主要表现在以下三个方面：

（1）急于得到企业启动或周转资金，给小钱让大股份，贱卖技术或创意。有不少核心技术拥有者在公司运营一段时间后，对当初的投资协议深感不满并提出毁约，而这样做的后果只能是败坏了自己在资本市场上的名声。

（2）即便投资人不能为自己提供增值性服务和指导，仍与其捆绑在一起。

（3）不负责任地使用风险投资，"烧"别人的钱，圆自己的梦。每一轮融资中的投资者都将影响后续融资的可行性和价值评估。因此，对于尚处早期的创业公司来说，应引入一些真正有实力、能提供增值性服务、与创业者理念统一的投资者，哪怕这意味着暂时放弃一些眼前的利益。

资金作为公司的血脉，必不可少，因此融资问题对新创企业来说显得尤为重要。大学生们要想凭借自己的技术或创意获得应有的回报，就必须解决好融资问题。针对上述三个误区，创业者在融资的过程中要做好以下工作：

（1）在制订融资方案之前，要准确评估自己的有形资产和无形资产的价值，千万不要妄自菲薄，低估了自己的价值。

（2）融资过程中要做好融资方案的选择。尽管国内的融资渠道还不是很健全，但方式仍比较多，主要包括以下几种：①合资、合作、外资企业融资渠道；②银行及金融机构贷款；③政府贷款；④风险投资；⑤发行债券；⑥发行股票；⑦转让经营权；⑧BOT模式融资。多渠道的比较与选择可以有效降低融资成本，提高效率。通过上述途径得到的发展资金可以分为资本金和债务资金。债务资金（如银行贷款等）不但不会稀释创业者的股权，而且可以有效分担创业者的投资风险，创业者可以优先使用。

（3）如果采用出让股权的方式进行融资，就必须选择好的投资者。只有同自己经营理念相近，其业务或能力能够为投资项目提供渠道或指导的投资者才能有效支撑企业的成长。目前的关键问题是，大学生很难找到投资者，找到一个投资者就像握住了救命稻草一样，因此根本就没有讨价还价的余地，这样的融资肯定会给后续的工作带来很多麻烦。出现这种问题的主要原因是信息不对称，因此创业者一定要加强对融资市场的信息收集与整理，在掌握大量的情报资料的前提下作出最优的选择。

（4）创业不仅是创业者实现理想的过程，更是使投资者的投资保值、增值的过程。创业者和投资者是一个事物的两个方面，大家只有通过企业这个载体才能达到双赢的目标。"'烧'别人的钱，圆自己的梦"的问题说到底是企业家的信用问题，有这种思想的人不会成为一个成功的创业者。只有能为股东创造价值的企业家才能得到更多的融资机会和成长机会。因此创业者不仅要加强自身的技术能力，还需要具备企业家的道德风范。

金钱不是万能的，但没有金钱是万万不能的，大学生创业者只有解决好了融资问题，才能将自己的技术和创意转化为盈利的工具，才能在激烈的市场竞争中立于不败之地。只有拓宽融资渠道、对投资人负责，才能使自己的企业茁壮成长。

💡 课堂活动4-21

1. 主题：辩论——保护核心技术和获得融资哪个更重要。

2. 目标：使学生认识到创业融资中的相关误区。

3. 建议时间：10 分钟。

4. 材料准备：无。

5. 活动步骤：

第一步：老师给出辩论题及相关案例。

第二步：学生按照观点分成两组，每组派出 3 ～ 5 名代表进行辩论。

第三步：老师总结、点评。

6. 总结评价：学生通过活动进一步认识创业融资中的相关误区，从而积极思考如何获得对自己和初创企业有利的融资方式。

主要参考文献

［1］蒂蒙斯，斯皮内利.创业学［M］.周伟民，吕长春，译.北京：人民邮电出版社，2005.

［2］李家华.创业基础［M］.2版.北京：北京师范大学出版社，2015.

［3］吴余舟，大学生职业生涯规划与就业创业指导［M］.北京：机械工业出版社，2010.

［4］贝尔滨.管理团队：成败启示录［M］.郑海涛，译.北京：机械工业出版社，2001.

［5］奥斯特瓦德，皮尼厄.商业模式新生代［M］.王帅，毛心宇，严威，译.北京：机械工业出版社，2011.

［6］国家科技风险开发事业中心.商业计划书编写指南［M］.2版.北京：电子工业出版社，2012.

［7］章东辉，曾祥云，邓佳，等.创业企业注册登记和开业［M］.北京：中国劳动社会保障出版社，2011.

［8］彭剑锋.人力资源管理概论［M］.2版.上海：复旦大学出版社，2011.

［9］胡旭微，刘洪彬.财务管理［M］.杭州：浙江大学出版社，2010.

［10］王英.新手学开公司：创业融资常识［M］.北京：中国铁道出版社，2015.

高等教育出版社

教学资源索取单

仅限教师索取

尊敬的老师：

您好!

感谢您使用冯江华、陈蓓蕾等编写的《创业意识与创业技巧》(第二版)。

为了便于教学，本书另配有课程相关教学资源。如贵校已选用了本书，您只要加入职业素养和创新创业 QQ 群，关注微信公众号"高职素质教育教学研究"，或者把下表中的相关信息以电子邮件方式发至我社即可免费获得。

我们的联系方式：

高教社职业素养和创新创业 QQ 群：167361230　微信公众号：高职素质教育教学研究

服务 QQ：800078148（教学资源）　　　　电子邮箱：800078148@b.qq.com

联系电话：（021）56961310/56718921

地址：上海市虹口区宝山路 848 号　　　　　　　　　　　　　邮编：200081

姓　　名		性　别	出生年月		专　　业	
学　　校			学院、系		教 研 室	
学校地址					邮　　编	
职　　务			职　称		办公电话	
E-mail					手　　机	
通信地址					邮　　编	
本书使用情况	用于 _____ 学时教学，每学年使用 _____ 册。					

您对本书有什么意见和建议?

您还希望从我社获得哪些服务?

☐ 教师培训　　　　☐ 教学研讨活动

☐ 寄送样书　　　　☐ 相关图书出版信息

☐ 其他_____